KB212439

복 있는 사람

박응순 지음

복 있는 사람

초판 1쇄   2024년 4월 14일

지 은 이   박응순
펴 낸 이   이규종
펴 낸 곳   엘맨출판사
등록번호   제2020-000033호(1985.10.29.)
등록된곳   서울시 마포구 토정로 222
          한국출판콘텐츠센터 422-3
전   화   (02) 323-4060, 6401-7004
팩   스   (02) 323-6416
이 메 일   elman1985@hanmail.net
          www.elman.kr

ISBN   978-89-5515-764-2 03230

값 15,000 원

복 있는 사람

박응순 지음

엘맨
하나님의 사람을 만들어 가는 ELMAN

축시

갈대

시인 송기봉
주안중앙교회 장로, 문학가
한국문인협회 회원,
현대문학작가연합회 동인,
저서 장편소설 : 하얀 눈위에 발작국

사람의 맘 속에는
한 그루의 갈대가 있습니다

조그마한 잎새의 흔들림에도
기도를 하다가 태풍이 불면
쏴아 쏴아 파도삼키는 소릴 내면서
휘어질듯 고개를 드는 모습은
초대 교회의 불의 혀를 불러들입니다

그 속에
팔복을 안은 천사들이
하늘에서 내려와 들락거리면서
속 사람을 향긋한 꽃 냄새로
언행을 만들어가 어디를 가든
하나님 냄새가 나게 합니다

이 사람에게서
복이 원단처럼 오색 찬란한 빛을 내며
줄줄이 줄줄이 나오고 있습니다

머리말

십자가의 진리는 더하기(+)의 진리입니다. 비록 작은 것일지라도 내 손에 있는 것을 주님 손에 맡길 때 더하기의 기적이 일어나고 때로는 곱하기(×)의 기적을 경험하게 됩니다.

유대 광야에서 한 아이의 보리떡 다섯 개와 물고기 두 마리가 예수님의 손에 들려졌을 때 오천명이 배부르게 먹고 열두 바구니가 남았습니다.(요6:1-11) '주안중앙교회' 40년 역사는 이와 같은 기적의 축복이고 지금도 그 기적의 한복판에 있습니다.

필자는 40년 전(1984년 1월) 당시 나이 20대의 전도사로서 형님되시는 박증순 장로님과 기도원에 올라가서 10일 금식기도를 하면서 응답받고 인천광역시 주안5동에 '주안중앙교회'를 개척했습니다. 그곳은 영적으로 복음의 척박한 땅이었고 '장화 없이는 못 산다'는 말을 할 정도로 비만 오면 침

수되는 열악한 환경이었습니다.

개척 당시의 환경은 녹록지 않았지만 오병이어의 꿈과 비전으로 가슴은 부풀어 있었습니다. "내게 능력 주시는 자 안에서 내가 모든 것을 할 수 있느니라."(빌4:13) "할 수 있거든이 무슨 말이냐 믿는 자에게는 능히 하지 못할 일이 없느니라."(막9:23)는 말씀이 더욱 가슴을 뜨겁게 만들었습니다. 지금까지 함께 사역을 하고 있는 아내도 제게 늘 큰 꿈과 비전을 주면서 격려했습니다. 나 자신을 바라볼 때는 보잘것없는 보리떡이요 작은 물고기 같았지만, 내게 목회자의 사명을 주시고 인도하시고 믿음대로 되게 하시는 하나님께서 역사하실 줄을 확신했습니다.

개척 때 교회의 비전은 1차는 인천, 2차는 한국, 3차는 세계를 향한 선교였고 주보에 1차로 1천명 성도를 목표로 정했습니다. 사람은 꿈에 산다고 하지만 당시 현실에 맞지 않는 사역 모습을 보면서 많은 사람이 비웃었습니다. 개척 초기에 열심히 목회하던 어느 날 새벽, 설교사역을 하던 중에 과로로 쓰러졌습니다. 부모님께서 저의 이름을 부르는 소리에 정신이 들어 눈을 뜨게 됐습니다. 그 후부터는 모든 것을 하나님의 전능하신 손에 온전히 의탁했습니다. 그때부터 하나님의 광야의 기적은 능력있게 시작되었습니다. 매 주일마다 몰려오는 성도들로 작은 성전은 차고 넘쳤고 신령한 은혜를 체험한 성도들의 전도로 동서 사방에서 새 신자가 찾아왔습니다. 예배때마다 성령의 뜨거운 역사가 일어났고 각색 병자들이 치유받고 영과 육이 회복되는 기적이 나타났습니다.

하나님의 은혜로 교회는 부흥되었고 간석역 앞에 2천석 예배당을 건축하고 계속 부흥하여 5천20평 대지에 다시 성전을 건축했고 그렇게 지금까지 일곱 번의 성전을 건축하게 되었습니다. 지금은 부평성전, 청라성전, 연수성전에서 예배를 드리고 있습니다. 이와같이 주안중앙교회는 광야의 기적을 이룬 교회입니다.

기도하는 중에 하나님께서 1151 비전을 가슴에 주셨습니다.(10만 성도, 1만 나눔방, 5천 지역장, 1천 선교) 주안중앙교회를 여기까지 에벤에셀 하시고 임마누엘 하시는 하나님께서 이 또한 이루실 것을 확신합니다. 복된 교회, 복된 사역, 복된 축복의 열매는 현재 진행형으로 나타나고 있습니다.

"광야 40년 하나님의 은혜, 그저그저 감사"

주안중앙교회를 세우시고 부흥을 주신 하나님께 모든 영광을 돌립니다.

오늘의 교회가 세워지기까지 무릎으로 기도하고 몸과 물질과 시간을 드리며 헌신하고 사랑으로 섬겨주신 장로님 이하 모든 성도님들께 깊은 감사를 드립니다. 특별히 교회 개척을 위해 영적으로 물질적으로 생명과 전부를 바쳐 헌신하셨던 부모님 故 박종덕 장로님과 故 신언숙 권사님 그리고 삶을 터전을 옮기면서까지 교회 개척부터 지금까지 동역을 하고 있는 형님 박안순 장로님과 권영자 권사님 부부, 박증순 장로님과 김보호 권사님 부부, 동생 박태순 안수집사님과 최지희 집사님 부부, 늘 곁에서 기도와 응원을 아끼지 않는 목회의 동반자인 아내 최정애 사모와 하나뿐인 사랑하는 딸 하영이에게 한없는 고마움과 감사의 마음을 전합니다.

항상 출간을 위해 수고해주시는 엘맨출판사 이규종 장로님과 함께한 모든 직원분들께도 감사를 드립니다.

2024년 4월
주안중앙교회 목양실에서, 박응순 목사

목차

복된 시리즈 1
- 복된 믿음   13

복된 시리즈 2
- 복된 생각   34

복된 시리즈 3
- 복된 결단   58

복된 시리즈 4
- 복된 꿈   78

복된 시리즈 5
- 복된 말   98

복된 시리즈 6
- 복된 신앙   122

복된 시리즈 7
- 복된 하루   144

복된 시리즈 8
- 복된 감사   164

복된 시리즈 9
- 복된 교회   184

복된 시리즈 10
- 복된 낭비   206

복된 시리즈 11
- 복된 기도   228

복된 시리즈 12
- 복된 영상   248

복된 시리즈 13
- 복된 권면   268

복된 시리즈 14
- 복된 승리   288

영적으로 사는 사람은 믿음으로 사는 사람입니다. 믿음은 보이지 않는 것을 보는 것이요, 믿을 수 없는 것을 믿는 것이요, 불가능한 것을 가능케 하는 것입니다. 믿음으로 사는 것은 보이는 것보다 보이지 않는 하나님을 더욱 의존 하는 것입니다.

눈에 보이는 것이 정확하고 믿음직하게 보이지만 사실은 부정확하고 위험하고 속기 쉬운 것입니다. 공기도 라디오의 전파도 보이지 않지만 분명히 존재하는 것처럼 하나님은 살아계시고 그 말씀은 살아있고 능력과 생명이 있습니다. 눈에 보이는 것은 변하는 것이요, 허상이요, 짧은 것이지만 보이지 않는 것은 실상이요, 영원한 것이요, 참으로 가치 있는 것입니다. 그래서 눈에 보이는 것만 의존하며 살아가는 사람은 어리석은 사람입니다.

믿음은 하나님이 하실 수 있다고 믿는 것이 아니라 하나님이 반드시 하실 것을 믿는 것입니다. 예수님도 "믿고 구하는 것은 받은 줄로 믿으라. 그리하면 너희에게 그대로 되리라"(막11:24)고 하셨습니다. 눈으로 보기에는 어떻든지 감정으로 느끼기에는 어떠하든지 하나님의 능력과 하나님의 약속을 믿고 나가야 합니다.

복된 믿음

우리가 신앙생활 하면서 아무리 생각해 봐도 믿음처럼 중요한 것은 없다고 봅니다. 이 믿음이 없이는 구원도 받을 수 없고 하나님을 기쁘시게 할 수도 없고 시험을 이길 수도 없습니다.

"믿음이 없이는 하나님을 기쁘시게 하지 못하나니 하나님께 나아가는 자는 반드시 그가 계신 것과 또한 그가 자기를 찾는 자들에게 상 주시는 이심을 믿어야 할지니라."(히 11:6)

"무릇 하나님께로부터 난 자마다 세상을 이기느니라 세상을 이기는 승리는 이것이니 우리의 믿음이니라."(요일 5:4)

하나님의 성령은 우리에게 믿음을 세워주시고 굳세게 해주려고 하시는데, 사탄은 우리의 믿음을 무너뜨리려고 합니다.

"거짓 선지자들을 삼가라 양의 옷을 입고 너희에게 나아오나 속에는 노략질하는 이리라 그들의 열매로 그들을 알지니 가시나무에서 포도를, 또는 엉겅퀴에서 무화과를 따겠느냐."(마 7:15-16)

"거짓 선지자가 많이 일어나 많은 사람을 미혹하겠으며."(마 24:11)

"그 때에 사람이 너희에게 말하되 보라 그리스도가 여기 있다 혹은 저기 있다 하여도 믿지 말라 거짓 그리스도들과 거짓 선지자들이 일어나 큰 표적과 기사를 보여 할 수만 있으면 택하신 자들도 미혹하리라."(마 24:23-24)

"사랑하는 자들아 영을 다 믿지 말고 오직 영들이 하나님

께 속하였나 분별하라 많은 거짓 선지자가 세상에 나왔음이라."(요일 4:1)

"또 그들을 미혹하는 마귀가 불과 유황 못에 던져지니 거기는 그 짐승과 거짓 선지자도 있어 세세토록 밤낮 괴로움을 받으리라."(계 20:10)

성령은 '믿음의 영'이라고 할 수 있고, 악령은 '의심의 영'이라고 할 수 있습니다.

"진리에 관하여는 그들이 그릇되었도다 부활이 이미 지나갔다 함으로 어떤 사람들의 믿음을 무너뜨리느니라."(딤후 2:18)

예수님을 믿는 것처럼 쉬운 일도 없고, 또 한편으로는 예수님을 믿는다는 것을 설명하는 것처럼 어려운 일도 없습니다. 예수님을 믿는 것 자체가 어려운 것이 아니라, 그것을 설명하기가 어렵다는 것입니다.

어느 신학교 교수님이 알기 쉽게 해석한 로마서라는 책을 펴냈는데, 어느 날 사모님이 서재에 앉아서 자신이 쓴 로마서 해석이라는 책을 읽고 있었습니다. 사모님은 흐뭇해 하고 있는 남편 교수님에게 "당신은 로마서를 잘 이해하세요?"라고 묻기에 "그렇다"라고 하니까 사모님이 그 책을 만지작거리면서 "나는 당신의 로마서 해석 책을 아무리 보아도 이해가 되지 않아요"라고 해서 큰 충격을 받았다고 합니다. 알기 쉽게 성경을 풀어줬다고 생각했는데 더 헷갈린다는 것입니다.

이와같이 예수님을 믿고 구원받는다는 것은 지극히 쉬운 일이지만, 예수님을 믿는다는 것은 과연 무엇인가를 설명하기란 쉬운 일이 아닙니다.

어느 신학대학 총장님이 목사님들에게 목회자 세미나 때 세미나를 인도하면서, "학자들은 쉬운 내용을 어려운 말로 풀어놓고 목회자는 어려운 내용도 쉽게 설명하는 사람이다"라고 해서 모두가 공감하고 웃었다고 합니다.

이 귀한 믿음은 부패하고 죄악 가운데 있는 우리 인간의 지식으로는 결코 설명할 수도 없고 소유할 수도 없습니다. 순수하고 진실 된 마음속에 성령님의 조명과 함께 하나님의 말씀을 들을 때 믿음이 생겨나고 성장하는 것입니다.

"그러므로 믿음은 들음에서 나며 들음은 그리스도의 말씀으로 말미암았느니라."(롬 10:17)

어떤 믿음이 복된 믿음입니까?

복된 믿음은 주님께 피하는 믿음입니다.

"하나님이여 내게 은혜를 베푸소서 내게 은혜를 베푸소서 내 영혼이 주께로 피하되 주의 날개 그늘 아래에서 이 재앙들이 지나기까지 피하리이다."(시 57:1)

"하나님께 가까이 함이 내게 복이라 내가 주 여호와를 나의 피난처로 삼아 주의 모든 행적을 전파하리이다."(시 73:28)

어려움을 당할 때나 시험을 당할 때, 재앙이 닥칠 때 얼른 하나님께 피할줄 아는 지혜가 있어야 합니다. 시편 57편 1절에 "주 날개 그늘 아래 피한다"는 말씀은 복된 믿음입니다. 여기 '피한다'는 히브리어 원어를 보니까 '하산하다', '도피하다', '피신한다'는 뜻입니다. 하산은 '어떤 막강한 힘에 그늘 안에 보호받는다'는 것입니다. 바위, 힘, 요새와 같은 안전한 피난처를 의미합니다.

마치 병아리들이 모이를 먹으며 즐겁게 놀다가도 하늘에 독수리가 나타나면 재빨리 어미 닭의 날개 밑에 피하여 숨는 것과 같습니다. 미국 어느 농장에 불이 나서 암탉 한 마리가 까맣게 타 죽어서 주인이 발로 툭 찼더니 그 속에서 병아리들이 와르르 쏟아져 나오더랍니다.

이와같이 예수님은 하나님의 무서운 진노와 심판을 대신 받으시고, 우리를 위해서 십자가에서 피 흘려 대속해 주셨습니다. 그러므로 우리가 주님께 피하여 숨으면 안전히 구원받을 수 있고, 위험한 일을 당하고 무서운 시험을 당할 때 얼른 주님께 피하여 숨으면 주께서 지켜주시고 보호해 주십니다.

"여호와께 피하는 것이 사람을 신뢰하는 것보다 나으며 여호와께 피하는 것이 고관들을 신뢰하는 것보다 낫도다."(시 118:8-9)

제가 삽교감리교회에서 한 주간 부흥회를 인도했습니다. 그 교회 박OO 장로님(초등학교 교사)께서 한 주간 픽업을 하시면서 만날 때마다 "저는 덤으로 사는 인생입니다"라고 말했습니다. 나중에 교회 담임하시는 정OO 목사님께서 박장로님에 대한 간증을 해주셨는데, 장로님께서 B형 간염에 걸렸다가 간경화로 진행되고, 다시 급성 간 암이 돼서 서울대 병원에 입원했는데, 6개월을 못 넘긴다는 진단을 받았다고 합니다.

통증이 낮에는 괜찮다가 밤만 되면 견딜 수 없는 통증이 와서 너무 고통스러워서 새벽 1-2시에 사택으로 전화해서 계속 담임목사님께 기도를 받았다고 합니다. 이런 일이 오래 반복되어서 담임목사님께서 장로님께 "병원에서 고칠 수 없고 의사도 방법이 없다고 하니 퇴원하고 함께 기도합시다"라고 말했더니, 순종하고 집으로 왔답니다. 새벽마다 교회에서 매일매일 부르짖으며 함께 기도했습니다.

한 날은 장로님이 통곡하며 기도하는데, 목사님이 강단에서 내려와서 시118:17-18절 말씀이 적힌 메모지를 주시면서, "장로님 이 말씀 붙잡고 기도하세요"라고 했답니다.

"내가 죽지 않고 살아서 여호와께서 하시는 일을 선포하리로다 여호와께서 나를 심히 경책하셨어도 죽음에는 넘기지 아니하셨도다."(시 118:17-18)

장로님은 이 말씀을 보는 순간 믿음이 생기고 확신이 생기더랍니다. '나는 안 죽는다. 하나님이 나를 치료해 주신다.' 장로님은 이 말씀을 교무실, 교탁, 책상, 자동차, 침실, 주방, 화장실 등등. 모든 곳에 다 붙였답니다. 그리고 이 말씀을 붙잡고 기도했습니다. 제가 갔을 때 8년이 지났는데도 암이 더 커지지도 않고 작아지지도 않고 그대로인데 통증만 없다고 했습니다. 그래서 자기는 덤으로 사는 인생이라고 고백했습니다.

영육의 죽고 사는 것이 주님 손에 있음을 깨닫고 영육 간에 주님께 피하는 지혜가 있기를 바랍니다.

구약시대에는 "도피성"이라는 곳이 있습니다. 가령 어떤 사람이 부지 중에 사람을 죽였거나 실수로 죄를 범했을 때 숨을 수 있는 성을 마련해 주셨는데, 그곳이 '도피성'입니다. 이와같이 범죄하여 멸망 받을 수밖에 없는 영혼이지만, 범죄 했을 때 예수 그리스도께로 달려가는 믿음이 복된 믿음입니다. 예수님께 피하기만 하면 어떤 죄인도 안전하게 구원받고 무서운 심판을 면할 수가 있습니다. 다윗은 이렇게 고백했습니다.

"나의 힘이신 여호와여 내가 주를 사랑하나이다 여호와는 나의 반석이시요 나의 요새시요 나를 건지시는 이시요 나의 하나님이시요 내가 그 안에 피할 나의 바위시요 나의 방패시요 나의 구원의 뿔이시요 나의 산성이시로다."(시 18:1-2)

인생을 살면서 어떤 어려운 경우에도 얼른 주님께 피하고 숨으면 하나님의 보호와 인도가 있을 것입니다. 예수님만이 거친 광야 같은 이 세상에서 죄인들이 피하여 숨을 수 있는 큰 바위요 피난처이십니다.

어떤 죄인이라도 회개하고 예수님을 내 구주로 믿으면 하나님의 무서운 심판을 면하고, 영육 간에 안전한 구원을 받는다는 것을 믿으시고, 영육 간에 구원받는 복된 신앙을 가지시기를 바랍니다.

복된 믿음은 하나님께 내 인생의 모든 것을 맡기는 것입니다.

"네 짐을 여호와께 맡기라 그가 너를 붙드시고 의인의 요동함을 영원히 허락하지 아니하시리로다."(시 55:22)

여기 '맡기라'는 히브리어의 뜻은 '굴려 보낸다'입니다. 그래서 내 무거운 짐을 하나님께 굴려 보내라는 뜻입니다.

"너희 염려를 다 주께 맡기라 이는 그가 너희를 돌보심이라."(벧전 5:7)

"네 길을 여호와께 맡기라 그를 의지하면 그가 이루시고."(시 37:5)

인생의 무거운 짐도 하나님께 맡기고 앞날도 하나님께 맡기는 것이 복된 믿음입니다. 근심 걱정도 죄의식도 벗어버리고 주님께로 옮겨 놓아야 합니다. 우리 주님은 지금도 "너의 무거운 짐을 내게 다오. 내가 네 짐을 져 주리라" 말씀하시고 계십니다.

믿음이 무엇입니까? 하나님께 맡기는 것입니다. 인생에 여러 가지 근심, 걱정이 밀려와서 밤잠이 오지 않을 때, 기도하며 하나님께 맡겨 버리시기 바랍니다.

서민 갑부에 나와서 화제가 된 강원도 춘천에서 빵집을 운영하는 유OO 치아바타의 대표 유OO라는 분이 있습니다. 가게는 2016년에 설립하여 불과 3년만에 연매출 24억 원을 기록할 정도로 폭발적으로 성장했습니다.

치아바타를 세운 유대표에게는 놀라운 하나님의 스토리가 있습니다. 치아바타의 현관문 옆에는 크게 붙여진 것이 있습니다. 그것은 "부활"이라는 글자입니다. 그는 예수님이 부활하셨듯이 과거의 삶과는 전혀 다른 삶을 살고 있습니다.

유대표는 중학교 2학년에 학교를 그만두고 난봉꾼인 아버지가 무서워서 집을 뛰쳐나와 전남 순천에서 서울행 기차를 탔습니다. 3년간 구로공단의 연탄 보일러를 만드는 철공소에서 일했습니다. 객지에 나와 아무것도 없었던 그는 정말 쉬지 않고 뼈 빠지게 열심히 일했습니다.

그러던 중 제빵 기술을 배우겠다고 춘천에 있는 만나당이라는 빵집에서 기술을 배우게 됐습니다. 그곳에서 1년간 기술을 배워서 경기도 광명에 제과점을 냈지만, 빵집은 생각대로 되지 않았습니다. 결국 제과점은 망하고 슈퍼마켓을 차렸다가 또 망했습니다. 그 이후로 책 대여점, 우유 대리점, 제과점, 조각 케이크 제조업, 베이커리 카페를 차렸다가 모두 망했습니다.

엎친 데 덮친 격으로 2014년 아들이 흉부암에 걸리며 위기가 찾아왔습니다. 유대표는 일곱 번 사업이 망했고 아들은 암에 걸렸습니다. 그 절망과 좌절 속에서 그는 하나님을 붙잡았습니다.

유대표는 '그땐 방법만 있다면 영혼이라도 팔고 싶었습니다'라고 했습니다. 당시 절망 가운데 마지막으로 지푸라기라도 잡는 심정으로 교회를 찾아갔을 때 목사님은 아무런 표정이 없는 유대표에게 "당신이 기뻐하는 모습을 보고 싶다"고 말했습니다. 유대표가 그 당시 기도하면서 붙잡은 말씀이 있었습니다.

"성경대로 그리스도께서 우리 죄를 위하여 죽으시고 장사지낸 바 되셨다가 성경대로 사흘 만에 다시 살아나사"(고전 15:3-4)

예수님께서 나를 위해 죽으셨다는 사실이 분명하게 믿어지면서, 죽을 것 같았던 자신의 삶에서 다시 힘을 얻었습니다. 그때 도움의 손길이 나타났습니다. 같은 교회를 다니며 섬기던 성도가 제빵 기술로 재기하라며, 자기 카페 안에 작은 공간을 내주었습니다. 치아바타를 생각하게 된 것은 그때였습니다.

방사선 치료를 받던 아들이 빵이 먹고 싶다고 했습니다. 햄버거를

먹었던 아들은 먹자마자 온몸을 긁으면서 괴로워했습니다. 그때 유대표는 아들 같은 환자도 먹을 수 있는 빵이 어디 없을까 생각했습니다. 수소문 끝에 설탕과 버터를 쓰지 않는 건강한 빵 치아바타를 알게 됐습니다. 유대표는 러시아와 호주산 유기농 밀을 사용하고 과일즙을 이용해 단맛을 냈습니다. 이 과정에서 교회 식구들은 유대표를 자기 일처럼 도와주었습니다.

2014년 6월 19일, 첫 번째 빵을 만들어 아들에게 건넸는데, 아들에게 아무런 증상이 없었습니다. 이후로 같은 교회의 아토피 당뇨 환자에게도 주면서 건강한 빵으로 인정받기 시작했습니다. 유대표는 치아바타를 만들어 팔며 2년여가 지나자 입소문이 나기 시작했습니다. 특히 아토피 자녀를 둔 엄마들 사이에 유OO 치아바타는 없어서 못 팔 지경이 됐습니다.

그때부터 강원민방과 SBS, KBS 등 공중파 방송들이 이 빵집을 소개하며 주문이 폭주하기 시작했습니다. 매장을 50평대로 옮기고, 새벽 예배 때문에 오전 판매를 포기했는데도 하루에 수천 개씩 파는 제과점이 됐습니다. 지금은 줄 서서 기다리지 않으면 사 먹을 수 없는 축복의 집이 됐습니다. 그는 장애인 자립을 돕기 위해 춘천 청각장애인 학교에서 제빵 기술도 전수하고 있습니다.

암에 걸렸던 유대표의 아들은 암 투병 가운데 경찰 공무원 시험에 합격하고, 지금은 아버지와 함께 빵을 굽고 있습니다. 유○○ 치아바타 가게 안에는 찬양이 항상 끊어지지 않고, 매장 안팎에는 '부활'이라고 적어놓은 현판을 말씀과 함께 달아 놓았습니다.

유대표는 사업장을 교회가 기도해서 차린 사업체임을 명심하고 있습니다. 일곱 번 사업이 망하고, 아들이 암에 걸려서 아무런 희망이 없었지만, 하나님을 믿고 모든 것을 하나님께 맡기고 기도하며 연구할 때 하나님이 주신 축복이라는 것입니다.

그는 지금 이렇게 고백합니다. "제가 하는 사업이 잘 되면 제 신앙을 자랑하고, 제가 하는 사업이 망하면 제가 믿는 하나님을 자랑하지 못하는 그런 마음이 없어졌어요. 제 인생이 대박이 나더라도, 아니면 인생이 다시 쫄딱 망하더라도, 더 이상 내 인생의 문제로 하나님 아버지의 그 크신 사랑을 가리지 않습니다. 더 이상 내일 일을 오늘까지 끌어들여서 염려하는 그런 사람이 아닙니다."

그의 삶을 바꿔 놓은 것은 예수님을 온전히 믿는 복된 믿음 때문입니다. 나를 위해서 대신 죽으신 예수님을 바라봤을 때 그의 인생에 회복이 있었고, 예수 믿는 복된 믿음이 모든 것을 이루고 이기게 했습니다. 모든 것을 주께 맡기고 기도하며 나갈 때, 이런 기적 같은 역사가 일어나는 것입니다.

우리가 예수를 믿는다고 하면서도 주님께 맡기지 못하고 믿는 사람들이 너무나 많습니다. 주님께 맡기세요. 근심, 걱정의 짐도, 죄악의 짐도, 원수 갚는 일도, 속상하고 분한 일도, 억울한 일도 맡기세요. 하나님께 맡기고 "하나님 아시지요? 나의 고민을 아시지요? 하나님께 맡깁니다."하고 맡기고 나면 마음도 편해지고, 언젠가는 하나님이 맡아서 해결해 주십니다.

"너희 염려를 다 주께 맡기라 이는 그가 너희를 돌보심이라."(벧전 5:7)

인생의 모든 근심, 걱정을 하나님께 맡기는 복된 신앙이 되시기 바랍니다.

복된 믿음은 하나님만 의지하는 것입니다.

"하나님이여 주께서 그들로 파멸의 웅덩이에 빠지게 하시리이다 피를 흘리게 하며 속이는 자들은 그들의 날의 반도 살

지 못할 것이나 나는 주를 의지하리이다."(시 55:23)

"너희 중에 여호와를 경외하며 그의 종의 목소리를 청종하는 자가 누구냐 흑암 중에 행하여 빛이 없는 자라도 여호와의 이름을 의뢰하며 자기 하나님께 의지할지어다."(사 50:10)

'주를 의지한다'는 히브리어는 '바타흐'로 '안심하다', '안전하다', '안정감 있는 염려가 없는 평안'을 의미합니다. 주 안에 있을 때, 믿음 안에 있을 때 마음 편히 살 수 있다는 것입니다, '염려 없이 편히 살 수 있다.' 그것이 그리스도인의 삶입니다.

또 "주께 맡긴다"는 말은 '하나님을 의지한다'는 것입니다. 가령 무언가에 손을 내밀어 붙잡고 의지해야 하는데, 붙잡을 게 없고 의지할 게 없다면 어떻게 되겠습니까? 예수님를 믿는다는 것은 바로 붙잡을 게 없는 이 세상에서 내가 의지하고 붙잡아야 할 분은 하나님이시라는 것을 깨닫는 것입니다.

나의 죄와 슬픔, 근심, 염려를 전적으로 주님께 맡기고 의지하는 것입니다. 주님께 전 마음을 기울여 붙들고 의지하려고 노력해야 합니다. 이것이 복된 믿음입니다.

도중에 믿다가 타락할까 봐 두렵습니까? 그것도 주님께 맡기고 의지하십시오. 의심과 두려움이 생길 때 그것까지도 맡기십시오. 우리 주님은 지금도 "네가 나를 사랑한다면 나를 굳세게 의지해라. 네가 나를 굳세게 의지하면 할수록 너를 더욱 붙들어 주리라"고 말씀하십니다.

"그는 넘어지나 아주 엎드러지지 아니함은 여호와께서 그의 손으로 붙드심이로다."(시 37:24)

'린다'는 40대 흑인 여성으로 미국의 911테러 당시 월드트레이드센터 94층에서 근무하고 있었습니다. 갑자기 큰 폭발음이 들려왔습니다. 그 거대한 소리가 무엇인지 생각해 볼 겨를도 없이 린다는 자신에게 빠른 속도로 날아온 무엇인가에 의해 오른쪽 어깨를 강타당해 그 자리에서 쓰러졌습니다. 다행히 그녀는 잠시 뒤 의식을 되찾았지만, 어깨 쪽에 극심한 통증이 느껴졌습니다. 그 통증이 너무 심해 몸을 일으키는 것조차 마음처럼 되지 않았습니다.

빌딩은 심하게 흔들리기 시작했고 여기저기서는 사람들의 비명 소리가 터져 나왔습니다. 그녀는 온 힘을 다해 몸을 일으켰고, 깜깜한 연기를 뚫고 복도로 향했습니다.

부상을 당한 사람들이 바닥에 쓰러져 있었고, 죽은 사람들도 여기저기 널려져 있었습니다. 그녀는 머릿속이 캄캄했지만, 최대한 이성을 찾으려고 노력했고, 자신이 살아남기 위해서 할 수 있는 것이 무엇일까를 생각했습니다. 그리고 그녀는 비상문 쪽으로 향했습니다. 하지만 수많은 사람들이 계단으로 몰리면서 주변은 아수라장이 되어 있었습니다. 그리고 그녀는 자신의 부상당한 몸을 이끌고 94층에서 1층까지 내려가는 것은 불가능하다고 판단했습니다. 그래서 그녀는 그 순간 주님께 마지막 감사 기도를 하기로 마음먹었습니다. 사람들이 지나다니지 않는 곳에 자리를 잡고 앉은 그녀는 두 손을 모아 주님께 기도하기 시작했습니다. 그녀는 최대한 큰 목소리로 그동안의 삶에 감사하는 기도를 올렸고, 가족들을 위해 기도했습니다. 또한 자신의 친구들을 위해 기도했고, 교회 성도들을 위해 기도했으며, 자신의 이웃을 위해 기도했습니다. 마지막으로 부상을 입고 뛰고 있는 사람들과 바닥에 쓰러져 있는 불쌍한 영혼들을 위해 기도했습니다.

그런데 그 순간 갑자기 누군가가 린다에게 손을 내밀며 함께 내려가자고 그녀를 일으켰습니다. 그녀는 백악관 청소년 자문위원으로 클린턴 대통령과 부시 대통령과 같이 일했던 제이콥슨 여사였습니다.

그녀 또한 얼굴과 몸 전체가 피로 범벅이 됐을 정도로 심각한 부상을 입어서 자기 몸조차 가누기도 힘든 상태였지만, 주님의 자녀로서 멀리서 들려오는 기도 소리를 저버리고 갈 수 없었다며 기도 소리를 따라 린다를 찾아온 것입니다.

린다는 자신은 힘들 것 같다며 제이콥슨 여사에게 먼저 가라고 했지만, 제이콥슨 여사는 하나님께서 함께 하신다고 말하면서 린다의 팔을 안은 채 같이 내려가자고 했습니다. 린다와 제이콥슨 여사는 서로를 부축한 채 계단 밑으로 내려갔습니다.

둘은 계단을 내려가며 찬송가 '나 같은 죄인 살리신'을 믿음으로 함께 불렀습니다. 사람들로 밀고 밀려 난장판이던 계단에서 찬송가가 들려오자 몇몇 사람들은 찬송을 따라 부르기 시작했고, 찬송이 울려 퍼지는 가운데 린다와 제이콥슨 여사는 간신히 64층까지 내려올 수 있었습니다.

그들의 상태로 봤을 때, 하나님이 함께 하시지 않았다면 절대로 불가능한 일이었습니다. 린다와 제이콥슨 여사는 다행히 64층에서 구조대원들을 만나 그들의 부축을 받고 무사히 1층까지 내려올 수 있었습니다.

처음 그들의 상태를 본 구급대원들은 어떻게 1층까지 살아 내려올 수 있었냐며, 그것은 기적과 같다고 말했습니다. 실제로 린다는 오른쪽 어깨가 사라져 팔이 간신히 붙어 있는 상태였고, 제이콥슨 여사는 18인치 쇳조각이 목 뒤에 박혀서 왼쪽 뇌를 관통해 인간이 살 수 없을 정도의 피를 흘린 상태였고, 그녀의 긴 생머리는 다 타버렸고, 귀쪽이 움푹 패이고, 코와 입술과 눈은 다 찢어진 상태였습니다.

제이콥슨 여사가 그런 죽음과도 같은 부상 속에서 고통을 잊고, 그 상황 속에서 린다의 기도 소리를 듣고, 그들이 함께 험난한 상황 속에서 무사히 탈출하여 생존할 수 있었던 것은, 처음부터 끝까지 하나님을 믿는 믿음과 그들 곁에 하나님께서 함께하셨기 때문입니다.

"그러나 무릇 여호와를 의지하며 여호와를 의뢰하는 그 사람은 복을 받을 것이라 그는 물가에 심어진 나무가 그 뿌리를 강변에 뻗치고 더위가 올지라도 두려워하지 아니하며 그 잎이 청청하며 가무는 해에도 걱정이 없고 결실이 그치지 아니함 같으리라."(렘 17:7-8)

하나님을 의지하는 것이 얼마나 복된 일입니까? 복된 믿음은 말로만 "믿습니다"하는 것이 아니라 중심을 기울여 주님께 피하는 것이요. 모든 것을 하나님께 맡기는 것이요, 온 마음을 다해서 의지하는 것입니다.

　복된 믿음으로 구원받고 천국의 백성이 되시고 인생의 문
제들을 주님께 맡기고 기도하시므로 문제 해결 받고 승리하
는 신앙생활이 되시기 바랍니다.

복된 생각

미국의 어느 신문에 실린 이야기입니다. 자신이 고양이로 변해가고 있다는 생각에 빠진 부인이 있었습니다.

'아멜라'라는 부인인데요. 그녀는 자신이 키우던 고양이가 죽어버리자 놀랍게도 20년 동안이나 고양이 음식을 먹고 살았다고 합니다. 그녀는 애지중지하던 고양이가 죽어버리자 몹시 상심했습니다. 그녀의 마음은 극도로 허전했고 게다가 그녀는 넉넉한 처지가 아니었을 뿐만 아니라 다른 가족도 없는 처지였습니다.

그녀에게는 고양이를 위해 사둔 고양이 밥이 많이 남아있었습니다. 그때부터 그녀는 그것을 식사때마다 먹기 시작하여 그렇게 한 지가 20년이 되었다고 합니다. 그녀는 고양이 밥을 먹으면서 자기가 점점 고양이가 되어가고 있다는 착각에 빠졌습니다. 그리고 진짜 고양이

행세를 하기 시작했습니다. 기분이 좋을 때는 고양이처럼 으르렁 소리를 냈고 경계심이 들라치면 고양이가 하듯 쉿 거렸습니다.

급기야 그녀의 생김새까지 고양이처럼 변해갔습니다. 신문에 실린 그녀의 인물 사진을 보니 정말 고양이와 흡사했습니다. 스스로 고양이라고 생각하는 사람은 그 모습마저 고양이의 모습으로 닮아가나 봅니다.

생각이라는 것이 이렇게 무서운 것입니다. 여러분의 생각이 운명을 결정짓는 것입니다. 생각이란 사람이 인생을 살아가는 데 있어서 집을 지을 때 기초 공사와 같은 것입니다. 기초가 잘못되면 아무리 아름답고 멋지게 집을 지어도 비바람이 치는 어느 순간 무너지고 마는 것입니다. 그래서 그 사람의 평상시 생각이 운명을 결정짓는 것입니다. 좋은 생각, 복된 생각, 긍정적인 생각을 하며 사는 사람에게는 반드시 성공하고 승리하게 되어 있지만 반대로 나쁜 생각, 부정적인 생각으로 가득 찬 사람에게는 실패와 좌절, 절망이 찾아오는 것입니다.

"그러므로 너희가 그리스도와 함께 다시 살리심을 받았으면 위의 것을 찾으라 거기는 그리스도께서 하나님 우편에 앉

아 계시느니라 위의 것을 생각하고 땅의 것을 생각하지 말라."(골 3:1-2)

"모든 지킬 만한 것 중에 더욱 네 마음을 지키라 생명의 근원이 이에서 남이니라."(잠 4:23)

"내가 두려워하는 그것이 내게 임하고 내가 무서워하는 그것이 내 몸에 미쳤구나."(욥 3:25)

그러므로 우리가 살아가고 있는 이 세상은 어떤 외부적 환경에 의하여 좌우되는 것이 아니라 우리의 마음을 점령하고 있는 생각에 의해서 결정되는 것입니다. 현재의 그 사람은 과거부터 지금까지 생각한 대로 된 것입니다.

'에머슨'(Ralph Waldo Emerson, 미국 시인, 사상가) – "사람이 하루 종일 생각하는 그것이 그 사람의 인생이다"

'박종순 목사'(충신교회 원로목사) – "인간의 생각은 언어로 표현되기에 그 사람의 언어를 보면 그 사람의 인격을 알 수 있다"

'로버트 슐러'(Robert Schuller, 긍정적인 사고방식의 저자) – "불가능한 일이 존재하는 것이 아니라 불가능하다는 생각이 존재한다"

그러므로 복 받을 생각을 하는 사람은 복을 받게 되고 부정적이고 저주받을 생각만 하는 사람은 부정적으로 되고 저주를 받게 되는 것입니다. 자나 깨나 우리가 생각하는 대로 인생은 되는 것입니다.

그래서 마음의 근심도 우리의 생각에서 나오고 마음의 즐거움도 우리의 생각에서 나오는 것입니다. 그러므로 우리는 항상 영적인 생각을 해야 합니다. 영의 생각은 평안이요 육의 생각은 근심입니다.

"육신의 생각은 사망이요 영의 생각은 생명과 평안이니라."(롬8:6)

하나님도 우리의 생각을 지배하기를 원하시고 마귀도 우리의 생각을 점령하고 지배하기를 원합니다. 가룟 유다가 영원히 저주받고 돌이킬 수 없는 운명이 된 것은, 그의 생각이 마귀에게 점령당했기 때문입니다.

"마귀가 벌써 시몬의 아들 가룟 유다의 마음에 예수를 팔려는 생각을 넣었더라."(요13:2)

어떻게 이런 마귀의 생각을 받아들입니까? 예수님을 3년이나 따라다니면서 참된 복음의 말씀을 들으며 죽은 자를 살려주시고 문둥병자를 고쳐 주시고, 38년 된 중풍병자를 고쳐 주시는 주님을 보면서 하나님의 아들이요, 메시아임을 깨달았을 텐데, 어떻게 그런 배신을 생각할 수 있겠습니까?

결국은 은 30에 예수님을 팔고 그 돈을 써보지도 못하고 목매달아 자살하고 나무에서 굴러떨어져 창자가 터져 죽었을 뿐만 아니라, 그보다 더 비참한 것은 영원히 돌이킬 수 없는 지옥의 형벌을 받게 되었다는 것입니다. 이것이 다 마귀에게서 온 생각을 물리치지 못하고 받아들였기 때문입니다. 그러므로 생각은 행동을 낳고 행동이 반복되면 습관을 낳고, 습관은 그 사람의 성품이 되고, 습관은 그 사람의 운명을 낳는 것입니다.

"모든 지킬 만한 것 중에 더욱 네 마음을 지키라 생명의 근원이 이에서 남이니라."(잠 4:23)

"위의 것을 생각하고 땅의 것을 생각하지 말라."(골3:2)

"그러므로 땅에 있는 지체를 죽이라 곧 음란과 부정과 사욕과 악한 정욕과 탐심이니 탐심은 우상 숭배니라 이것들로 말미암아 하나님의 진노가 임하느니라."(골 3:5-6)

예수님께서 죽으신 것은 우리의 죄를 위해서만 죽으신 것이 아니라 모든 죄에 대하여 죽으시기로 하신 것입니다. 그러므로 우리는 성령 안에서 그리스도와 함께 죽고, 그리스도와 함께 부활하고, 주와 함께 승천하여 하나님의 보좌 앞에 앉게 될 신분을 가진 성도들입니다.

우리는 땅에 있는 정욕을 죽이고 우리의 신분에 걸맞게 위에 있는 것을 생각하며 살아야 합니다. 우리의 생각과 마음이 위에 있어야 합니다. 땅에 있는 것, 저속한 것, 악하고 더러운 것을 생각하지 말아야 합니다. 우리의 발은 비록 땅을 밟고 서 있지만 우리의 마음은 하늘에 있어야 합니다. 매일매일의 삶 속에서 예수님의 방향 지시를 받아야 합니다. 하늘의 눈을 가지고 땅을 내려다보는 시각을 가져야 합니다.

광야 40년 동안 땅만 내려다보며 불신앙의 생각을 하고 부정적인 생각을 하던 이스라엘 백성들은 다 죽었지만, 오직 믿음으로 바라보고 긍정적인 생각으로 나아갔던 여호수아와 갈렙은 가나안땅에 들어갔습니다. 그들은 자나 깨나 하나님 편에서 생각했고, 그들의 마음은 가나안땅에 고정되어 있었기 때문입니다.

우리는 죄악된 세상에 몸담고 살아가고 있지만, 우리의 마음과 생각은 항상 하늘에 있어야 합니다. 위의 것을 생각하고 땅의 것을 생각하지 말아야 합니다. 거룩한 생각을 하는 사람은 거룩해집니다. 복된 생각을 해야 복된 인생이 됩니다.

"여호와께서 사람의 죄악이 세상에 가득함과 그의 마음으로 생각하는 모든 계획이 항상 악할 뿐임을 보시고."(창 6:5)

하나님께서 이 세상을 홍수로 심판하실 때 한탄하시고 근심하시다가 가망이 없기 때문에 노아의 여덟 식구만 남겨 놓고 물로 쓸어 버렸습니다. 그러나 하나님이 보시기에 거룩하고 복된 생각을 하면서 살아가는 사람은 하나님이 기뻐하시고 복을 주십니다. 그러면 무엇이 복된 생각입니까?

성도의 복된 생각은 기도하는 생각입니다.

"구하라 그리하면 너희에게 주실 것이요 찾으라 그리하면 찾아낼 것이요 문을 두드리라 그리하면 너희에게 열릴 것이니 구하는 이마다 받을 것이요 찾는 이는 찾아낼 것이요 두드리는 이에게는 열릴 것이니라."(마7:7-8)

"환난 날에 나를 부르라 내가 너를 건지리니 네가 나를 영화롭게 하리로다."(시 50:15)

"너는 내게 부르짖으라 내가 네게 응답하겠고 네가 알지 못하는 크고 은밀한 일을 네게 보이리라."(렘 33:3)

중소기업을 운영하는 사람이 있었습니다. 그는 믿음 좋으신 권사님의 아들이었는데, 그의 어머니가 돌아가시자 교회를 나가지 않았습니다. 그러나 사업은 잘되었고 계속 성장했습니다. 그는 은행에서 수십억을 대출받아 공장을 더 크게 짓고 확장했습니다. 그리고 직원들도 300명으로 늘어났습니다. 모든 것이 순조롭고 자기 생각대로 잘 되었습니다. 일거리가 밀려서 전 직원들이 잔업을 해야 했습니다.

그런데 노사분규가 일어났고, 몇 달간 일을 못 하게 되니 거래처들이 끊어지고, 은행 이자와 원금을 감당할 수가 없게 됐습니다. 거기다가 부도가 난다는 유언비어가 퍼져서 대출을 할 곳이 없게 되었고, 결국 빚만 지고 부도가 나고 말았습니다.

그는 이제 절망 가운데 빠져서 갈 곳이 없어 이리저리 채권자들을 피해 도망 다니다가 손에 청산가리를 들고 기도원으로 올라갔습니다. 그는 죽기 전에 '하나님께 기도나 하고 죽어야겠다'라고 생각하고 깊은 기도원 산골짜기에 들어가서 통곡하며 부르짖기 시작했습니다.

한참 기도하는 중에 갑자기 하나님께서 그에게 환상을 보여주시는데, 커다란 손이 하늘에서 나타나더니 불구덩이 속에 있는 자기를 건져 주시더랍니다. 그는 그때 하나님께서 자신을 구원하셨다는 것을 깨달았습니다. 그래서 하나님 떠난 것을 회개하며 부르짖다가 새 힘을 얻고 마음을 고쳐먹고 다시 시작했습니다. 그러자 5년 만에 모든 빚을 다 갚고, 지금은 신앙생활을 잘하며 아직은 미약하지만 작은 회사를 운영하고 있습니다.

한 사람의 생애와 운명은 그 사람의 생각 여하에 따라서 결정되는 것입니다. 다시 말해서 복된 생각과 긍정적인 생각을 하며 사는 사람에게는 반드시 성공과 승리가 있게 되는 것이고, 반대로 나쁜 생각과 저주의 부정적인 생각으로 가득 찬 사람에게는 실패와 어두움의 그림자만이 찾아오는 것입니다.

우리가 살아가는 이 세상은 그 어떤 외부적인 환경에 의하여 좌우되거나 결정되는 것이 아니라, 우리의 마음을 점령하고 있는 생각에 따라 결정되는 것입니다. 그래서 불행을 만들어 내는 생각만을 하는 사람은 결국 그의 생애가 불행하게 되고 맙니다. 그러나 행복을 만드는 생각을 하는 사람은 분명히 행복하게 되고 승리하게 됩니다. 그러므로 우리의 생각을 생각나는 대로 들어오는 대로 행동할 것이 아니라, 어디까지나 하나님의 말씀과 기도로 잘 조절할 줄 알아야 합니다.

우리 교회 집사님 한 분은 아주 작게 사업을 시작하면서 비가 오나 눈이 오나 항상 출퇴근 시간마다 교회 와서 기도하더니 하나님의 축복을 받았습니다. 그러므로 성도라면 인생을 살면서 하나님께 드리는 기도의 능력을 믿고 항상 기도하는 성도들이 되어야 합니다. 늘 깨어 성전을 찾아와 기도할 생각을 하는 사람을 하나님은 기뻐하시고 축복하십니다.

"나의 반석이시요 나의 구속자이신 여호와여 내 입의 말과 마음의 묵상이 주님 앞에 열납되기를 원하나이다."(시 19:14)

일정한 시간을 정해놓고 기도할 뿐만 아니라 일할 때나 길을 갈 때나 어느 때든지 그 생각과 마음이 하나님이 기뻐 받으시도록 해달라고 기도해야 합니다. 늘 생각으로 기도하며 하나님과 교제하는 생활을 해야 합니다.

여호수아 9장을 보면 이스라엘 백성들이 가나안을 정복합니다. 그때 이스라엘의 정복 소식을 듣고 두려워한 기브온 사람들이 낡은 옷과 낡은 가죽 부대와 곰팡이 난 떡을 가지고 와서 화친을 청합니다. 그때 이스라엘 백성들은 기도해 보지도 않고 묻지도 않고 화친해 버려서 크게 낭패를 봤습니다.

"무리가 그들의 양식을 취하고는 어떻게 할지를 여호와께 묻지 아니하고."(수 9:14)

그러나 다윗은 언제나 무슨 일에나 하나님께 "하나님 가리이까?"라고 물었습니다. 기도했습니다. 그래서 다윗은 무엇을 하든지 형통했고, 백전백승했습니다. 성도가 무릎 꿇고 기도하는 것도 중요하지만, 위의 것을 찾는 사람은 마음과 생각 속에 기도가 끊어지지 않는 사람입니다. 기도를 늘 생각하는 사람은 신앙생활도 인생도 승리하게 됩니다.

성도의 복된 생각은 말씀을 생각하는 것입니다.

"오직 여호와의 율법을 즐거워하여 그의 율법을 주야로 묵상하는도다 그는 시냇가에 심은 나무가 철을 따라 열매를 맺으며 그 잎사귀가 마르지 아니함 같으니 그가 하는 모든 일이 다 형통하리로다."(시 1:2-3)

"이 예언의 말씀을 읽는 자와 듣는 자와 그 가운데에 기록한 것을 지키는 자는 복이 있나니 때가 가까움이라."(계 1:3)

사람이 머리를 공백 상태로 놔두면 마귀가 침투하거나 허망한 생각을 하게 됩니다. 그러므로 항상 머리에 하나님의 말씀을 생각하고 묵상하고, 말씀대로 살려고 애써야 합니다.

그리고 그렇게 할 때 하나님의 음성을 들을 수 있고, 하나님의 계시와 인도를 받을 수 있습니다.

다시 말해서 성경 말씀을 묵상하고 생각하는 사람이 복 받는 사람이라는 것입니다. 예배 시간에 설교를 대충 듣고 넘겨 버리는 것으로 끝내지 말고 소가 입에 여물을 되새김하듯이 오늘들은 말씀, 읽은 말씀을 묵상하고 생각하라는 것입니다.

'D.L무디'(Dwight Lyman Moody, 복음전도자) – "성경이 당신을 죄로부터 지켜 주든지 죄가 당신을 성경으로부터 지켜 주든지 할 것이다."

할 수 있는 대로 성경 말씀을 묵상하고 암송하는 시간을 많이 가지는 것이 큰 복이 됩니다.

"하나님의 말씀은 살아 있고 활력이 있어 좌우에 날선 어떤 검보다도 예리하여 혼과 영과 및 관절과 골수를 찔러 쪼개기까지 하며 또 마음의 생각과 뜻을 판단하나니."(히 4:12)

마음속에 하나님 말씀을 늘 간직하고 생각하며 묵상하는 사람은 하나님께서 함께하시며, 그의 인생을 인도해 주시고 승리케 해주십니다. 하나님의 말씀이 내 속에, 생각 속에 있을 때 죽음이 영생으로 변하고 흑암이 광명으로 변하고, 질병이 건강으로 변하고, 저주가 축복으로 변하고, 실패가 성공으로 변하는 것입니다.

우리 인간의 마음에는 항상 악한 생각이 자리 잡으려고 합니다. 그러므로 우리는 악한 생각이 자리 잡지 못하도록 만들어야 합니다. 마음속에 악한 생각을 오래 품고 있으면 내속에서 싹이 나기 시작합니다. 그래서 인간은 그때부터 악해지기 시작합니다. 마음에 하나님의 말씀을 품지 않으면 마귀가 주는 마음이 들어갑니다. 그래서 욕심을 품으면 도둑질하게 되고 미움을 품으면 살인을 하게 되고 음욕을 품으면 간음하게 됩니다.

그러므로 우리는 늘 복된 생각을 하며 살아야 합니다. 하나님을 생각하며 살아야 합니다. 예수님을 생각하고 성령님을 생각하며 살아야 합니다. 마음을 바로잡고 살아야 합니다. 자기 마음을 바로잡지 못하는 사람은 큰일을 할 수가 없습니다. 하나님 말씀으로 마음을 바로 잡기 바랍니다.

"그가 그의 말씀을 보내어 그들을 고치시고 위험한 지경에서 건지시는도다."(시 107:20)

우리의 병든 심령은 오직 하나님 말씀만이 고칠 수가 있습니다. 성도가 인생을 살아가면서 끊임없이 하나님의 말씀을 묵상하고 생각하며 살아가는 사람은 영육 간에 복을 받고 승리합니다.

성도의 복된 생각은 긍정적인 생각입니다.

"할 수 있거든이 무슨 말이냐 믿는 자에게는 능히 하지 못할 일이 없느니라."(막 9:23)

"내게 능력 주시는 자 안에서 내가 모든 것을 할 수 있느니라."(빌 4:13)

사람이 성공하느냐, 실패하느냐 하는 것은 그의 생각이 긍정적이냐, 부정적이냐에 따라서 좌우됩니다. 복된 믿음은 모든 것을 긍정적으로 해석하고 적극적으로 생각합니다. 반면에 마귀는 우리의 생각을 어둡게 하고 부정적으로 하게 만듭니다.

"야곱아 어찌하여 네가 말하며 이스라엘아 네가 이르기를 내 길은 여호와께 숨겨졌으며 내 송사는 내 하나님에게서 벗어난다 하느냐."(사 40:27)

"피곤한 자에게는 능력을 주시며 무능한 자에게는 힘을 더하시나니 소년이라도 피곤하며 곤비하며 장정이라도 넘어지며 쓰러지되 오직 여호와를 앙망하는 자는 새 힘을 얻으리니."(사 40:29-31)

어떤 곤경에 처했어도 하나님이 나와 함께 하시고 나를 가장 좋은 길로 인도 하시고 가장 복된 길로 인도하신다는 믿음을 가지고 긍정적인 생각을 해야 합니다.

쌀통에 쌀이 절반쯤 차 있는 것을 보고 "아이고, 다 먹고 쌀통이 절반이나 비었네"라고 부정적인 생각을 할 수 있지만 "아직 쌀통에 쌀이 절반이나 남아있네"라고 말할 수도 있습니다. 긍정적인 생각이 복된 생각입니다.

먹장구름이 나를 뒤덮고 아침 안개가 내 눈앞을 가로막는다고 할지라도 강한 바람에 구름이 날아가듯 아침 햇살에 안개는 사라지듯 우리의 생각을 잊어버릴 것은 잊어버리고 하나님께만 향하면 다 씻어 주시고 새 힘과 새 소망을 주시는 좋으신 하나님이십니다.

"만일 하나님이 우리를 위하시면 누가 우리를 대적하리요."(롬 8:31)

"너희는 마음에 근심하지 말라 하나님을 믿으니 또 나를 믿으라."(요 14:1)

행복과 불행은 환경에 있는 것이 아니라 자기 생각에서 비롯되는 것입니다. 모든 것을 원망하고 불평, 불만하는 사람은 그 인생도 원망스럽고 불평스럽고 불만스러운 인생을 살게 됩니다. 그러나 언제나 감사할 것을 생각하고 좋은 것을 생각하는 사람은 항상 행복한 삶을 삽니다.

그러므로 천국을 생각하고 좋으신 하나님을 마음속에 생각하며 인생을 사는 사람은 만사형통합니다. 늘 마음에 감사할 것을 생각하고 은혜로운 것을 생각할 때 행복해지는 것입니다. 그러므로 내 생각대로 인격과 운명이 결정되므로 항상 우리는 긍정적인 생각을 해야 합니다.

'빌 포터'(ville Porter)는 선천성 뇌성마비 환자였습니다. 육체적으로, 정신적으로 또래 아이들에 비해 현저하게 떨어졌습니다. 혼자서 신발 끈조차 묶지 못할 정도로 오른손을 거의 사용하지 못했고 남들과 의사소통하는 것도 힘들었습니다. 그래서 주위에서는 빌을 특수학교에 보내라고 했습니다. 그러나 빌의 어머니는 이를 거절했습니다. 보통학교를 다니는 빌은 수시로 아이들에게 놀림을 받았습니다. 그러나 빌은 부모님의 뜨거운 관심과 사랑으로 고등학교를 무사히 졸업했습니다.

빌의 부모님은 빌이 대학에 가는 것보다 사회에 나가서 일하며 돈을 벌어서 멋진 여자와 결혼해서 행복하게 살기를 원했습니다. 빌은 그날부터 취업지원국의 도움으로 일자리를 찾았지만 채용된 지 하루, 이틀 만에 해고됐습니다. 회사들은 어눌한 말투와 부자연스러운 손놀림 때문에 빌에게 일을 맡기지 않았습니다. 그러나 빌은 포기하지 않고 '나를 필요로 하는 곳이 반드시 어딘가에 있을 것이다'라고 긍정적으로 생각했습니다.

어느 날 우연히 영업사원을 모집하는 생활용품회사 '왓킨스사'에 면접을 보게 됐습니다. 자신이 집에서 쓰는 것들이므로 충분히 할 수 있고 이 회사에 자신이 필요하다는 생각을 했습니다. 그러나 면접관은 그에게 불합격 통지서를 보냈습니다. 그러나 빌은 낙심하지 않았습니다. 다음날 그는 다시 '왓킨스사'에 찾아갔습니다.

그러나 왓킨스사에선느 '당신의 신체조건으로는 이 일을 할 수 없다'라고 했습니다. 하지만 빌은 다음날 또 찾아갔습니다. 빌은 "급여는 필요 없습니다. 대신 저를 가장 실적이 좋지 않은 지역으로 보내주십시오. 남들이 가기 싫어하는 곳으로 보내주십시오." 그래서 취직이 됐습니다.

빌은 포틀랜드 북서부의 가파른 언덕길을 오르내리며 벨을 눌렀습니다. 사람들은 문틈으로 빌의 일그러진 얼굴과 부자연스러운 몸짓을 보고 문을 닫고 집안으로 들어갔습니다. 그래도 빌은 포기하지 않고 할 수 있다고 생각하며 날마다 집집마다 초인종을 눌렀습니다. 그러나 또 실패였습니다. 빌은 포기하지 않았습니다. 그러던 어느 날 한 부인의 도움으로 상품 몇 개를 주문받게 됐습니다. 벌써 10번이나 방문한 집이었습니다. 그 부인은 웃으면서 말했다. "당신은 성실한 사람인 것 같아요. 매번 거절해도 이렇게 찾아오니 말이죠. 이유가 뭔가요? 매번 거절당하면서도 절 찾아오는 이유가 뭔가요? 그리고 늘 얼굴에 웃음을 띤 이유가 무언가요?"

빌 포터는 웃으면서 대답했습니다. "저는 늘 긍정적으로 생각했어요. 이 긍정적인 생각이 습관이 되어버렸지요. 가령 일기예보에 다음 날 30도가 넘을 거라고 나오면 '그 정도면 선선하지'라고 긍정적으로 생각했습니다. 눈이 많이 내려 길바닥이 빙판길이 되면 신이 납니다. 날씨가 안 좋은 날이야말로 사람들이 집에 있기 때문이죠."

빌 포터의 말을 들은 부인의 눈가가 촉촉해지면서 물었습니다. "빌, 제가 무엇을 도와 드리면 되죠?" 빌 포터는 대답했습니다. "여기 카탈로그를 봐주세요. 그리고 필요하신 게 있으면 주문해주세요. 단, 동정은 주문 목록에서 제외하고요." 부인은 얼굴에 환한 미소를 지으며 빌이 내민 카달로그에서 필요한 물품에 동그라미를 쳤다. 그날부터 빌이 문을 두드리면 사람들은 문을 열어 주었다. 하루도 빠짐없이 수백 번 문을 두드리는 빌의 성실함과 신실함에 사람들도 마음의 문을 연 것입니다. 이제 사람들은 빌을 가족처럼 여겼습니다. 마침내 '빌 포터'는 왓킨스 서부지역 '판매왕'이 됐습니다. 그리고 24년 후 그는 왓킨스사 역사상 가장 많은 판매를 한 인물이 됐고 지금까지도 그 기록은 깨지지 않고 있습니다. 그의 긍정적인 생각, 복된 생각은 '빌 포터' 를 전설적인 성공의 사람, 승리의 사람으로 만들었습니다. 그의 감동 적인 이야기는 2002년에 영화로도 만들어졌습니다.

"내게 능력 주시는 자 안에서 내가 모든 것을 할 수 있느니 라."(빌 4:13)

"예수께서 이르시되 할 수 있거든이 무슨 말이냐 믿는 자에 게는 능히 하지 못할 일이 없느니라."(막 9:23)

할 수 없다고 생각하는 사람은 할 수 없는 인생을 살지만 무엇이든지 할 수 있다고 긍정적으로 생각하는 사람은 할 수 있다고 생각하기 때문에 무엇이든지 할 수 있습니다. 세상을 바꾸기는 쉽지 않습니다. 환경을 바꾸는 것은 불가능합니다. 하지만 과거의 실수와 실패의 부정적인 생각이 긍정적인 생 각으로 바뀌고 행동이 변하면 그때부터 세상은 다르게 보이 기 시작합니다. 우리의 사고와 마음가짐만큼 중요한 것은 세 상에 없습니다. 우리의 생각은 아무것도 아닌 것 같지만 생 각은 실제로 우리의 삶을 이끌어가는 힘이 있습니다. 긍정적 인 복된 생각으로 승리하기를 바랍니다.

성도의 복된 생각은 결과를 좋게 생각하는 것입니다.

사람이 무슨 말을 하기 전에 또는 어떤 행동을 하기 전에 그 일의 결과를 먼저 생각한다면 큰 실수가 없을 것입니다. 모든 인생의 비극의 원인은 결과를 생각하지 않고 일시적인 감정에 의해서 행동하는데 있다고 봅니다.

가룟 유다는 은 30냥만 생각했지, 그 일의 무서운 결과는 생각하지 않았기 때문에 엄청난 수치스러운 결과를 가져왔습니다. 여호수아 6장을 보면 여호수아 군대가 여리고 성을 점령할 때 아간 한 사람이 금과 은, 그리고 멋진 시날산의 외투만 보고 갖고 싶어서 훔쳤습니다. 하지만 그 죄의 결과가 얼마나 무서운가를 생각하지 않았기 때문에 이스라엘이 작은 아이 성 전쟁에 실패하게 되었고 아간과 온 가족이 돌에 맞아 죽었습니다.

어느 회사에서 있었던 일입니다. 회식 자리에서 직장 상사로부터 여러 동료 앞에서 모욕적인 욕설을 들은 사람이 화를 참지 못하고 칼로 찔러서 죽이고 자신도 그 칼로 자살해 죽었다는 뉴스를 보았습니다. 말 한마디가 어떤 결과를 가져올지 미리 생각했다면 이런 비극이 없었을 것입니다. 도박이나 술, 담배, 마약중독의 결과가 얼마나 무서운 결과를 가져오는지 생각한다면 처음부터 관심을 갖지 않을 것입니다. 마귀가 주는 생각은 언제나 처음에는 달콤하나 후에는 수천, 수만 배의 쓰디쓴 고통을 주고 하나님은 처음에는 쓰디쓴 것을 행하라고 하지만 그 결과는 언제나 수천 배, 수만 배 달콤한 열매를 거두게 하시는 분이십니다.

인생의 성공과 신앙생활의 승리 열쇠는 이미 우리 손에 쥐어져 있습니다. 그 열쇠는 바로 우리의 생각입니다. 복된 생각의 스위치를 켜는 순간 여러분과 여러분 인생의 미래가 바뀌게 될 것입니다. 의심하지 말고 하나님을 믿고 끝까지 긍정적인 복된 생각으로 여러분의 머릿속을 꽉 채우십시오. 그러면 여러분의 그 복된 생각들이 여러분을 최고의 삶을 살아갈 수 있도록 이끌어 갈 것입니다.

"대저 그 마음의 생각이 어떠하면 그 위인도 그러한즉."(잠 23:7)

"땅이여 들으라 내가 이 백성에게 재앙을 내리리니 이것이

그들의 생각의 결과라."(렘 6:19)

복된 생각, 위의 것을 찾는 생각은 첫째 기도하는 생각이요, 둘째는 하나님 말씀을 묵상하는 것이요, 셋째는 긍정적인 생각이요, 마지막은 좋은 결과를 생각하며 사는 것입니다. 이 복된 생각의 힘을 잊지 말고 명심하므로 성공적이고 축복된 삶을 사시기를 바랍니다.

복된 결단

새로운 일을 시작하는 사람은 여러 가지 결심과 작정을 많이 합니다. '될 대로 되라'는 식으로 일하면 아무런 발전이 없고, 열매나 변화도 없을 것입니다. 위대한 성공의 사람들은 다 위대한 결단의 사람들입니다. 그리스도인들은 더욱 결단력이 있어야 합니다. 이런 사람이 신앙의 발전이 있고 풍성한 열매와 축복을 경험하게 됩니다.

삼국을 통일한 김유신 장군은 지덕(知德)을 겸비하고 무술이 뛰어난 젊은 장수였으나 음주가무(飮酒歌舞)를 너무나 좋아했다고 합니다. 그 모습을 안타깝게 지켜보던 그의 어머니가 김유신 장군에게 눈물을 흘리면서 주색잡기를 삼가라고 간절히 부탁했습니다. 김유신 장군은 어머니의 말씀을 가슴 깊이 명심하고 다음부터는 그 술집에 가지 않기로 결심했습니다.

그런데 얼마 후 하루 종일 군사 훈련을 하고 집으로 돌아오는데, 너무 피곤해서 말 위에서 잠이 들었습니다. 김유신 장군의 말이 얼마나 영리한지 으레 집에 가지 않고 늘 가던 술집으로 가려니 하고 이 말이 기생집으로 갔습니다.

말이 기생집 앞에 와서는 몸을 흔들면서 다 왔다고 기별을 보냈습니다. 김유신이 눈을 떠보니 기생집 앞이었습니다. 김유신 장군은 차고 있던 칼을 빼서 자기가 그렇게 사랑하는 말의 목을 단칼에 쳐서 죽이고 걸어서 집으로 갔다고 합니다.

세상에서 성공하고 위대한 인물이 된 사람들은 모두가 위대한 결심과 결단의 사람들이었습니다. 굳센 의지의 사람만이 위대한 인물이 될 수 있고 성공할 수 있습니다. 결단은 우리 삶에 가장 중요한 선택입니다.

'러셀'(Bertrand Russell, 철학자) – "위대한 일은 먼저 결단하고 시작하는 것이다."

'피터 드러커'(Peter Ferdinand Drucker, 경영학자) – "성공한 기업은 예외 없이 누군가가 용기 있는 결정을 했기 때문이다."

믿음 안에서 생각해 봐도 위대한 신앙의 사람은 모두가 굳센 의지와 결단의 사람들이었습니다. 예배를 드리고, 하나님의 말씀을 들을 때마다 결단할 때 신앙에도 변화가 있게 됩니다.

성경에 보면 어떤 사람이 포도원에 무화과나무를 심어 놓고 열매를 구했으나, 3년이 지나도록 아무 열매를 얻지 못했습니다. 화가 난 주인은 농부에게 포도나무를 찍어버리겠다고 합니다.

"포도원지기에게 이르되 내가 삼 년을 와서 이 무화과나무에서 열매를 구하되 얻지 못하니 찍어버리라 어찌 땅만 버리게 하겠느냐."(눅 13:7)

그럴 때 농부는 이렇게 애원합니다.

"주인이여 금년에도 그대로 두소서 내가 두루 파고 거름을 주리니 이 후에 만일 열매가 열면 좋거니와 그렇지 않으면 찍어버리소서."(눅 13:8-9)

지금까지 열매를 맺지 못한 것은 잘못했지만 이제부터는 새로운 결심과 결단을 가지고 열매를 맺도록 해보겠다는 것입니다.

우리도 과거를 뒤돌아보면서 깊이 반성해 볼 때 하나님 앞에 내놓을 만한 열매가 별로 없다고 할지라도 새로운 일을 계획하고 있다면 굳센 각오를 가지고 열매 맺는 신앙생활을 위하여 "주여! 한번만 더 참고 기다려 주옵소서!"라는 결심과 결단이 있어야겠습니다.

예수 믿는 성도라는 이름은 가졌으나 실상은 신령한 열매를 아무것도 맺지 못한다면 안될 것입니다. 새벽기도, 철야기도를 한번 제대로 했나? 예배 출석을 제대로 했나? 봉사나 전도를 제대로 했나? 십일조 생활을 제대로 했나? 열매를 맺지 못해서 잘라 버리고 싶은 무화과나무가 너무나 많이 있습니다.

성도들은 하나님 앞에 열매를 내놓아야 합니다. 언젠가는 우리의 행한 대로 다 심판하시고 결산하는 때가 올 것입니다.

우리는 예수 믿는 사람으로서 얼마나 착함의 열매, 의로움의 열매, 진실함의 열매를 맺었습니까? 거짓과 탐욕으로 인생을 살아가면서 본이 되지 않는 일은 하지 않으셨습니까?

"너희가 전에는 어둠이더니 이제는 주 안에서 빛이라 빛의 자녀들처럼 행하라 빛의 열매는 모든 착함과 의로움과 진실함에 있느니라."(엡 5:8-9)

우리 모두 주님 앞에 열매 맺는 생활을 할 수 있기를 바랍니다. 과실수가 열매를 맺으려면 잘라 버려야 할 것은 과감하게 잘라 버리고, 또 두루 파고 거름을 주어야 하는 이 두 가지를 잘해야 합니다. 마찬가지로 우리 인생에 좋은 열매를 맺기 위해서는 반드시 해야 할 것이 있습니다.

잘라 버려야 할 것을 결심해야 합니다.

"이에 비유로 말씀하시되 한 사람이 포도원에 무화과나무를 심은 것이 있더니 와서 그 열매를 구하였으나 얻지 못한지라 포도원지기에게 이르되 내가 삼 년을 와서 이 무화과나무에서 열매를 구하되 얻지 못하니 찍어버리라 어찌 땅만 버리

게 하겠느냐."(눅 13:6-7)

봄철이 되면 과수원에서 일하는 사람들은 열매를 맺기 위해서 열매 맺지 못할 쓸데없는 가지들은 사정없이 잘라 버립니다. 복된 신앙, 복된 인생이 되기 위해서는 우리들의 생활의 잘못 된 가지들을 잘라내야 합니다. 그러면 어떤 가지를 잘라내야 합니까?

1) 잘못된 생각의 가지를 잘라내야 합니다.

우리가 신앙의 거룩한 열매를 맺기 위해서는 부정적인 생각, 거짓말과 음란한 생각, 남을 미워하는 생각, 억울하고 분한 생각, 원망하는 생각을 잘라 버려야 합니다. 마귀가 가룟 유다에게 예수님을 팔려는 생각을 넣었습니다.

"마귀가 벌써 시몬의 아들 가룟 유다의 마음에 예수를 팔려는 생각을 넣었더라."(요 13:2)

마귀는 제일 먼저 잘못된 생각, 죄악 된 생각을 괜찮다고 합리화하고 정당화시키면서 우리의 생각 속에 집어넣습니다. 그러므로 우리는 끊임없이 잘못된 생각을 전지해야 합니다.

"악인은 그의 길을 불의한 자는 그의 생각을 버리고 여호와께로 돌아오라 그리하면 그가 긍휼히 여기시리라 우리 하나님께로 돌아오라 그가 너그럽게 용서하시리라."(사 55:7)

2) 잘못된 부정적인 말의 가지를 잘라내야 합니다.

원망하는 말, 불평하는 말, 자랑하는 말, 특히 남을 흉보는 말, 남을 비판하는 말을 잘라 버려야 합니다. 아무 근거도 없이 말을 가지고 남을 비방하고 훼방하는 말처럼 악한 죄가 없습니다.

총에 맞은 상처보다 악한 말로 받는 상처는 더 오래 갑니다. 교회 생활에 악한 영향을 끼치는 것은 불평의 말, 부정적인 말입니다. 이런 혀들 때문에 마귀의 역사가 전염병처럼 퍼져 나가는 것입니다. 그러므로 복된 신앙과 인생을 만들려면 잘못된 부정적인 말의 가지를 잘라 버려야 됩니다.

"그러므로 생명을 사랑하고 좋은 날 보기를 원하는 자는 혀를 금하여 악한 말을 그치며 그 입술로 거짓을 말하지 말고."(벧전 3:10)

3) 잘못된 습관의 가지를 잘라내야 합니다.

부부 싸움 하는 습관, 술 마시는 습관, 담배 피우는 습관, 도박하는 습관도 믿음으로 끊어 버릴 수 있어야 합니다. 나쁜 습관을 버리지 못하면 행복한 가정도 이루지 못하고 성공적인 삶을 살 수도 없고 더욱이 좋은 신앙인도 될 수 없습니다. 그러므로 복된 인생을 만들기 위해서는 하나님께 간절히 기도하면서 굳은 결심으로 끊을 것은 끊어 버려야 합니다.

"너희는 유혹의 욕심을 따라 썩어져 가는 구습을 따르는 옛 사람을 벗어 버리고."(엡 4:22)

주일성수를 잘하고 계십니까? 예배 시간에 지각은 몇 번이나 하셨습니까? 설교 시간에 졸기를 잘하는 습관은 언제 끊으시겠습니까? 가정 예배는 언제부터 그만두셨습니까? 우리는 지난날을 깊이 반성하면서 잘라 버릴 것은 잘라 버리고 복된 미래를 출발해야 하지 않겠습니까?

잘라내는 데는 아픔이 있고 피나는 고통이 있습니다. 그러나 그것을 감수하지 않고는, 전지가 되지 않고는 좋은 열매를 맺을 수 없습니다.

"내게 붙어 있으면서도 열매를 맺지 못하는 가지는 아버지께서 다 자르실 것이요, 열매를 맺는 가지는 더 많은 열매를 맺도록 깨끗하게 손질하신다."(요 15:2, 우리말 성경)

미국에 이민을 간 부부가 있었습니다. 남편은 외과 의사였고 아내는 소아과 의사였는데 열심히 일해서 큰돈을 벌었습니다. 그들은 집도 여러 채 사고 별장도 사고 땅도 많이 사들여서 미국 사람들도 부러워할 정도로 부자가 되었습니다. 아들 형제도 잘 성장하여 큰아들은 대학원에 다니고 작은아들은 의과대학에 다니고 있었습니다.

그런데 처음 이민 갔을 때는 교회에 잘 출석하더니 부자가 되면서 교회 출석이 뜸해졌습니다. 목사님이 그 집에 심방을 가서 "교회에 잘 나오세요"하고 권면을 해도 "아무런 문제도 없는데 왜 교회에 나갑니까? 우린 풍족해요. 하나님께 도움받을 것이 없어요"라고 말했습니다.

그러던 어느 날 아들이 최고급 스포츠카를 사 달라고 해서 사주었더니 두 형제가 친구와 함께 차를 타고 드라이브를 하다가 그만 가로수를 들이받는 사고가 났습니다. 안전띠를 매지 않은 동생은 공중으로 뛰어올랐다가 떨어져서 목이 부러져 죽고 형은 안경이 깨지는 바람에 실명하고 말았습니다. 한때 행복하다고 교만하며 하나님을 떠났던 부부는 매일 통곡하며 지내게 되었습니다.

"재물이 늘어도 거기에 마음을 두지 말지어다."(시 62:10)

"자기의 재물을 의지하는 자는 패망하려니와 의인은 푸른 잎사귀 같아서 번성하리라."(잠 11:28)

재산이 얼마나 오래 가겠습니까? 건강이 얼마나 오래 가겠습니까? 하나님을 의지하지 않는 인생은 잠시 있다가 사라지는 안개와 같은 것입니다. 하나님 앞에 겸손하며 하나님을 의지하는 지혜로운 삶을 살아야 합니다. 그러므로 우리는 인생길을 갈 때 하나님께서 인도해 주시는 길로 가야 합니다.

한 젊은 남자가 미국에 가서 영주권도 없이 신발 회사에서 일을 하게 되었습니다. 그는 다른 사람보다 일찍 출근하고 늦게 퇴근하며 아주 착실하게 일했습니다. 그러자 사장이 눈여겨보고 있다가 그를 잘 보살펴 주고 영주권도 얻게 도와주었습니다.

그 젊은 남자에게 뛰어난 점이 있다면 그가 파는 물건은 재고 하나 없이 다 판다는 것이었습니다. 그리고 다른 사람이 어떤 물건을 살 때 그가 "그것은 잘 안 팔릴 텐데요."하면 그의 말대로 팔리지 않았습니다. 그가 말하는 대로 물건이 팔리고 안 팔린다는 소문이 났습니다. 그래서 하루는 사장이 그를 불러서 비결을 물어보았습니다. 이 젊은 이는 "저는 하나님을 믿는 사람인데 기도를 하면 하나님께서 지혜를 주십니다."라고 말했습니다.

그의 말을 듣고 사장은 "사실 나는 유대인이요 나도 그 하나님을 믿어요."라고 말했습니다. 그 이후로 젊은이는 사장과 친해져서 열심히 일했습니다. 회사는 운영이 잘 되었고 그 젊은이는 이천 명이 넘는 직원 가운데 가장 성적이 좋은 직원으로 계속 승진했습니다. 그러다가 6년 만에 사장이 회장으로 취임하자 이 젊은이는 사장이 되어서 회사를 맡게 되었습니다. 회장과 사장이 기도하면서 회사를 운영하니 회사는 점점 더 번창하였고 불경기도 없이 세계적인 기업으로 성장하게 되었습니다.

하나님께서는 전적으로 하나님을 의지하는 사람을 축복하십니다. 사업이나 어떤 일이든지 시작하기 전에 기도하고 결단해야 할 때 기도하며 하나님의 뜻대로 행하며 모든 운영을 맡기시기 바랍니다. 그러면 축복의 길로 인도하여 주십니다. 하나님께서 인도하시는 길로 가야 생명도 얻고 복된 인생을 살게 됩니다. 과거의 잘못된 신앙생활을 뒤돌아보고 잘못된 생각과 잘못된 말, 잘못된 습관을 고치고 자르고 끊어버리는 복된 결단이 있기를 바랍니다.

적극적으로 두루 파고 거름을 주어야 합니다.

"대답하여 이르되 주인이여 금년에도 그대로 두소서 내가 두루 파고 거름을 주리니 이 후에 만일 열매가 열면 좋거니와 그렇지 않으면 찍어버리소서."(눅 13:8-9)

우리는 포도원 지기처럼 두루 파고 거름을 주는 열심 있는 생활을 해야 합니다. 더욱 분발해서 지킬 것은 어떠한 일이 있더라도 지키고 행해야 할 것은 행하는 결단과 결심이 있어야겠습니다. 위대한 신앙의 사람들은 모두 다 그랬습니다.

아브라함도 그랬습니다. 그는 어디를 가든지 제단을 쌓고 여호와의 이름을 먼저 부르고 하나님 앞에 예배를 드리는 생활을 했습니다. 하나님께서 "떠나라"고 하실 때 두말하지 않고 정든 고향, 친척이라도 다 버리고 떠났습니다.

"내쫓으라"고 하실 때 하갈과 이스마엘을 인정사정 보지 않고 내쫓아 버렸습니다. 하나밖에 없는 외아들 이삭을 "번제로 드리라"고 했을 때 이유를 묻지 않고 그대로 순종해서 바쳤습니다.

사도 바울도 그랬습니다. 자기의 지혜와 지식으로 전도하려다가 실패한 다음에는 이렇게 결단했습니다.

"예수 그리스도와 그가 십자가에 못 박히신 것 외에는 아무 것도 알지 아니하기로 작정하였음이라."(고전 2:2)

사도 바울은 결단의 사람이었습니다. 다메섹 도상에서 부활하신 예수님을 만난 다음에는 완전히 변화되어 위대한 사도가 되었고 그의 평생 그 결심을 변치 아니한 위대한 사람이었습니다.

솔로몬도 하나님의 이름을 위하여 성전을 건축하기를 결심했기 때문에 성전을 건축하고 하나님께 영광을 돌릴 수 있었습니다. 예수님도 십자가를 지려고 예루살렘으로 가기를 결심하셨습니다.

다니엘도 얼마나 철저한 신앙생활을 했던지 그 누가 흠을 잡을 수 없으리만큼 경건하고 거룩한 생활을 했습니다. 청년 시절에 바벨론에 잡혀가서 왕이 특별히 좋은 음식과 술로 대접하려고 했지만, 다니엘은 죄를 짓지 않기 위해서 우상에게 바쳐졌던 음식과 술을 먹지 않기를 결심했습니다. 기도하는 데도 하루에 세 번씩 하나님이 계신 예루살렘을 향하여 창문을 열어 놓고 기도했습니다. 주위 사람들이 중상모략하여 다니엘을 죽이기 위해서 굶주린 사자 굴 속에 집어 던진다고 하는데도 굴복하지 아니하고 창문을 열어 놓고 계속해서 기도했던 것을 볼 수 있습니다.

지금까지 새벽기도는 얼마나 하셨습니까? 철야 기도는 얼마나 하셨습니까? 이제부터는 좀 더 적극적이며 최선을 다해서 주의 일에 힘쓸 수 있기를 바랍니다. 무엇인가 우리는 규모 있고 결단 있는 생활을 해야겠습니다.

우리의 신앙생활은 순간순간 매일매일 결단을 필요로 합니다. 예배나 기도생활을 위해서는 결단을 내려야 합니다. 친구에게 연락오고, 낚시 가고 싶은 사람도 있을 것이고, 등산 가고 싶은 사람도 있을 것이고, 스포츠 경기를 보고 싶은 사람도 있을 것입니다.

그러나 이 모든 것을 물리치고 주의 성전으로 나와야겠다는 좋은 결단을 내려야 거룩한 성전에 나와서 하나님 앞에 예배드리고 은혜도 받게 되는 것입니다.

"보라 내가 오늘 생명과 복과 사망과 화를 네 앞에 두었나니 곧 내가 오늘 네게 명령하여 네 하나님 여호와를 사랑하고 그 모든 길로 행하며 그의 명령과 규례와 법도를 지키라 하는 것이라 그리하면 네가 생존하며 번성할 것이요 또 네 하나님 여호와께서 네가 가서 차지할 땅에서 네게 복을 주실 것임이니라."(신 30:15-16)

키스톤 대학을 우수한 성적으로 졸업한 두 젊은이가 졸업 기념으로 즐기기 위해서 주일에 술집을 가고 있었습니다. 마침 그리로 가던 중에 작은 교회 앞을 지나가게 되었습니다. 그런데 그날 설교 제목이

"바른 선택을 하라"는 말씀이었습니다. 이것을 본 한 친구가 "야! 우리가 여러 가지 핑계로 하나님을 멀리하지 않았니, 그러니 우리 교회에 들어가 예배를 드리자"라고 다른 친구에게 말했습니다. 그러나 그 친구는 "야! 한번 결심했으면 가야지! 교회라니 무슨 소리야?" 하면서 단번에 거절하고 술집에 가자고 했습니다. 두 친구는 예배당 앞에서 술집을 갈 것이냐, 교회에 갈 것이냐, 옥신각신하다가 끝내 이견을 좁히지 못하고 한 친구는 교회로 갔고 또 한 친구는 술과 도박이 있는 환락의 도시, 라스베가스로 갔습니다.

그날 저녁 교회에 가서 예배를 드린 청년은 목사님 설교 말씀을 통해서 큰 은혜를 받고 회개하고 예수님을 영접하고 새 사람이 되었습니다. 그리고 20년이 지난 뒤 하나님을 선택한 청년은 미국의 대통령이 되었습니다. 이 분이 미국의 22대, 24대 대통령을 지낸 '클리블랜드'(Grover Cleveland)입니다.

그런데 그가 대통령 취임 연설을 하는 그 순간 20년 전 도박장을 선택했던 젊은이는 살인을 하고 감옥에서 자신의 친구가 대통령으로 취임하는 신문기사를 보면서 그날의 선택을 가슴을 치며 후회를 했다고 합니다.

우리의 선택은 우리 인생을 복되게 만들 수도 있고, 불행하게 만들 수도 있습니다. 우리의 선택은 우리의 행복과 불행을 결정 짓습니다. 사람에게는 선택과 결단이 중요합니다. 우리는 순간마다 선택과 결단의 기로에 서 있습니다. 한 번의 선택이 평생을 좌우하기도 합니다. 결단이 문제입니다. 망설이거나 우유부단하지 말고 결심과 결단을 내리시기 바랍니다.

'키에르케고르'(S. Kierkegaard, 덴마크의 철학자) – "신앙이란 바로 결단이다. 하나님 앞에서 고독한 결단을 내리는 것이 바로 신앙이다."

'폴 마이어'(Paul Meyer) – "우리가 하나님 앞에 신앙을 갖는다는 것은 하나님을 향해서 결정하는 것이다."

어떤 일이든지 그것이 큰일이든 작은 일이든 모두 하나님을 위해서 결정하는 것이 신앙입니다. 너무 늦었다고 포기하지 마십시오. 늦었다고 생각되는 순간에도 최선을 다하기만 하면 기적이 일어나고 행복하게 되며 성공할 수 있습니다. 그래서 인생은 결단이 중요합니다.

"이미 도끼가 나무 뿌리에 놓였으니 좋은 열매를 맺지 아니하는 나무마다 찍혀 불에 던져지리라."(마 3:10)

무서운 심판의 도끼가 이미 나무 뿌리에 놓인 것처럼 생각하고 열매를 맺어야 합니다. 신앙생활, 기도생활, 전도생활, 봉사생활, 헌금생활에서 모든 면의 수준이 올라가고 바뀌어야 합니다.

네덜란드의 유명한 화가 '렘브란트'(Rembrandt Harmenszoon van Rijn)의 이야기입니다. 그는 젊은 시절 사랑하는 아내를 잃고 절망 중에 방황하던 중 극적으로 하나님을 만났습니다. 그리고 곧 재기하여 '엠마오로 가는 두 제자'라는 세계적인 명작을 남겼습니다. 그의 친구들이 종종 이런 질문을 했다고 합니다. "자네처럼 좋은 그림을 잘 그릴 수 있는 비결이 무엇인가?" 그럴 때마다 렘브란트는 이렇게 대답했다고 합니다. "어떻게 그려야 하는지 묻기 전에 일단 붓을 들고 그리기 시작하게."

그렇습니다. 결단이 중요합니다. 어떤 새로운 일을 시작할 때 먼저 잘라 버릴 것은 과감하게 잘라 버리십시오. 두루 파고 거름을 주듯이 적극적으로 주의 일에 힘쓰고 모든 신앙생활에 있어서 꼭 지켜야 할 습관을 지키고 적극적으로 최선을 다함으로써 지금까지 없었던 놀라운 열매를 맺는 은혜와 축복이 있기를 바랍니다.

복된 꿈

이 세상에는 꿈이 있는 사람과 꿈이 없는 사람 두 종류의 사람이 있습니다. 두 종류의 사람은 단순한 단어 상의 차이만 있는 것이 아닙니다. 꿈이 있는 사람과 꿈이 없는 사람은 생각하는 바가 다르고 생활 자세가 다르고 그의 삶의 결말도 다릅니다. 그래서 꿈이 있느냐 없느냐 하는 것은 중요합니다.

'비전과 결혼하라'는 말이 있습니다. 이는 인생은 꿈대로 되기 때문입니다. 인생은 타고난 대로 되는 것이 아니라 그가 가진 꿈대로 된다는 사실입니다. 그래서 큰 꿈을 꾸면 크게 되고 작은 꿈을 꾸면 작게 됩니다. 꿈이 있으면 그 꿈대로 이뤄지고 꿈이 없으면 이뤄질 것이 없습니다. 마치 어떤 씨를 땅에 뿌리느냐에 따라서 열매가 달라지는 것과 같습니다. 마음이 죽은 사람은 삶이 죽은 사람이요, 마음이 살아있는 사람은 그의 모든 것이 살아있는 삶입니다.

창세기 37장을 보면, 하나님의 특별한 은총을 받고 아버지의 특별한 사랑을 받은 요셉은 꿈쟁이였습니다. 꿈을 크게 가졌다는 것은 포부가 크고 높은 뜻을 가졌다는 것입니다. 요셉은 야곱의 열두 아들 중의 열한 번째 아들이었고, 야곱이 그렇게 사랑했던 아내 라헬의 아들이었습니다.

어느 날, 요셉이 꿈을 꾸고 형들에게 말하기를 "밭에서 일하는데 내 곡식단은 일어서고 형들의 곡식단은 내 단을 둘러서서 절하더이다"(창37:7)라고 했습니다. 어느 날은 "내가 또 꿈을 꾸었는데 이번에는 해와 달과 열한 별이 내게 절하더이다"(창37:9)라고 이야기했습니다.

결국 그 꿈 이야기 때문에 형들의 시기와 미움을 사서 죽을 뻔했다가 은 20에 애굽 나라에 종으로 팔려 가서 종살이도 하고 감옥살이도 하면서 온갖 고생을 다 했던 것입니다.

남달리 큰 꿈을 갖고 더욱이 하나님의 은혜와 축복을 받은 사람은 시기하고 미워하는 사람이 많고 마귀의 공격을 많이 받는 법입니다. 그러나 큰 포부와 꿈을 가졌기 때문에 고난을 많이 겪기도 하지만 결국 그의 꿈대로 애굽의 국무총리가 되었고, 자기 민족을 기근에서 구원할 수 있었고, 애굽 국민을 기근에서 구원하는 위대한 인물이 되었습니다.

건물은 설계도대로 지어지고 인간의 삶은 그 사람이 지닌 꿈대로 이루어지는 것입니다.

우리는 복된 꿈을 품어야 합니다.

"요셉이 꿈을 꾸고 자기 형들에게 말하매 그들이 그를 더욱 미워하였더라 요셉이 그들에게 이르되 청하건대 내가 꾼 꿈을 들으시오."(창37:5-6)

"그의 형들은 시기하되 그의 아버지는 그 말을 간직해 두었더라."(창37:11)

요셉은 하나님이 주신 꿈을 가슴에 품었습니다. 우리도 하나님께 쓰임 받는 큰 그릇이 되고 큰일을 하려면 먼저 큰 꿈을 품어야 합니다. 큰 포부와 꿈을 갖지 않은 사람은 하나님이 큰 그릇으로 쓰실 수가 없고 큰일을 맡기실 수 없습니다. 꿈과 이상이 없는 사람은 썩어 없어질 육신의 욕망대로 살다가 마지막에는 남긴 것 없이 멸망하고 마는 것입니다.

헬렌 켈러(Helen Adams Keller, 미국의 작가, 교육자) – "희망은 성공에 이르는 신앙이다. 희망이 없으면 아무것도 성취되는 것이 없다."

하나님께서 어느 개인이나 민족을 축복하실 때는 먼저 꿈과 환상을 갖게 하십니다. 결코 꿈이 없는 개인이나 민족은 흥하는 일이 없습니다. 인류 역사의 위대한 업적은 거의 다 꿈꾸는 사람들에 의해서 이루어졌습니다.

"묵시가 없으면 백성이 방자히 행하거니와 율법을 지키는 자는 복이 있느니라."(잠29:18)

꿈이 없는 백성은 망합니다. 높은 이상과 꿈이 없는 사람은 높은 벼슬을 해도 부정 축재나 할 생각을 하고, 돈을 많이 벌어도 허랑방탕한 생활을 하게 됩니다. 그러므로 평상시 어떤 생각을 하며, 어떤 꿈을 가지고 사느냐 하는 것은 그 사람의 운명을 좌우할 만큼 대단히 중요합니다.

'로버트 슐러'(Robert Harold Schuller, 목회자) - "하나님께서 우리 인간에게 주신 놀라운 선물중에 하나가 꿈과 비전이다."

'노만 핀센트 필'(Norman Vincent Peale, 적극적 사고방식의 저자) - "사람이 생각을 바꾸면 그 세계도 바꿀 수 있다."

"대저 그 마음의 생각이 어떠하면 그 위인도 그러한즉."(잠 23:7)

이 말씀대로 사람이 평상시 마음속에 어떤 꿈을 가지고 사느냐가 중요합니다. 복된 믿음은 보이지 않는 것을 보는 것 같이 생각하는 것이고, 불가능한 것을 가능하다고 생각하는 것이며, 믿고 기도하는 목표가 다 이루어진 것같이 생각하는 것입니다.

"믿음은 바라는 것들의 실상이요"(히11:1)

믿음이라는 것은 막연하게 믿는 것이 아니라 분명한 목표를 가지고 마음속에 꿈꾸는 것을 실상으로 그리는 것입니다. 그래서 교회는 꿈을 파는 가게입니다. 성령은 꿈을 주는 영입니다. 악령은 우리의 모든 꿈을 산산조각으로 부숴버리는 절망의 영입니다. 교회는 젊은이나 노인이나, 가난한 자나 부자나, 건강한 자나 병든 자나 누구든지 꿈을 주고 희망을 주는 곳입니다. 만약 교회에서 꿈을 사지 못한다면 교회는 생명력을 잃은 것입니다. 목사의 설교가 성도들의 가슴에 영롱한 꿈을 심어 주지 못한다면, 그 설교는 죽은 설교입니다.

　지금 우리가 받고 있는 약속은 모두가 꿈으로 받은 것이지 현실로 받은 것이 아닙니다. 다만 미래의 꿈으로 받은 것입니다. 우리는 부활을 믿습니다. 우리는 천국을 꿈꾸고 있기에 현실의 어려움도 시련, 고난, 슬픔을 참고 삽니다. 병든 사람은 건강한 꿈을 가지고 살고, 실패한 사람은 성공하는 꿈을 가지고 살고, 가난한 사람은 부요의 꿈을 가지고 살고, 불행한 사람은 행복의 꿈을 가슴에 품기를 바랍니다. 우리가 복된 인생을 살려면 부정적이고 어두운 생각을 버리고 긍정적인 복된 꿈을 가슴속에 가져야 합니다.

"그러므로 내가 너희에게 말하노니 무엇이든지 기도하고 구하는 것은 받은 줄로 믿으라 그리하면 너희에게 그대로 되리라."(막 11:24)

"네 입을 크게 열라 내가 채우리라."(시 81:10)

큰 꿈과 포부를 가지고 입을 넓게 열어야 하나님이 많은 것으로 채워주시지, 아무런 바람이나 포부가 없이 입을 꼭 다물고 있으면 하나님이 주실래야 줄 수가 없습니다. 하나님은 "큰 꿈을 가지고 네 입을 넓게 열라 내가 채우리라"고 말씀하십니다. 인간의 생각으로는 터무니없어 보이고 불가능해 보일지라도, 전능하신 하나님의 능력을 믿고 가급적 큰 꿈을 가져야 합니다.

그래서 무엇이든지 믿고 기도하고 구하는 것은 이미 받은 줄 믿고 생각하는 것이 중요합니다. 아직 이루어지지 않았지만 이루어진 것 같이 생각하라는 것입니다. 우리는 하나님의 능력을 믿고 가급적이면 꿈을 가지고 기도해야 합니다.

자동차가 생긴 것은 '말이나 소가 끌지 않고 자기 힘으로 굴러가는 것을 만들 수 없을까?'라는 생각과 꿈 때문에 만들어진 것입니다. 비행기는 사람도 새처럼 하늘을 날 수 있다는 라이트형제의 엉뚱한 생각과 꿈 때문에 비행기가 생겨난 것입니다.

요셉의 꿈이 형들에게는 가당치도 않은 비웃음도 사고 미쳤다는 말도 듣고 핍박도 받았지만, 그런 꿈과 생각을 가진 사람이 큰 성공을 거두고 승리자가 될 수 있는 것입니다.

"할 수 있거든이 무슨 말이냐 믿는 자에게는 능히 하지 못할 일이 없느니라."(막 9:23)

'노만 핀센트 필'(Norman Vincent Peale, 적극적 사고방식의 저자) – "목표를 달성하려면 첫째 그림을 그려라. 둘째 기도하라. 셋째 실현하라."

마음속에 꿈과 그림을 그려야 현실로 나타나는 때가 옵니다. 믿음으로 꿈을 잉태하여 낙태만 시키지 않는다면 현실에 이루어지는 것입니다. 사람이 꿈을 만드는 것이 아니라 꿈이 사람을 만드는 것입니다.

하나님께서 아브라함에게 가나안땅을 주시겠다고 할 때 눈을 들어 동서남북을 바라보라고 했습니다. 하나님은 우리가 하나님이 기뻐하시는 뜻 안에서 바라는 소원을 가질 때 우리의 소원을 통하여 하나님의 역사가 나타난다는 것입니다.

"롯이 아브람을 떠난 후에 여호와께서 아브람에게 이르시되 너는 눈을 들어 너 있는 곳에서 북쪽과 남쪽 그리고 동쪽과 서쪽을 바라보라 보이는 땅을 내가 너와 네 자손에게 주리니 영원히 이르리라."(창 13:14-15)

"너희 발바닥으로 밟는 곳은 모두 내가 너희에게 주었노니."(수 1:3)

"너희 안에서 행하시는 이는 하나님이시니 자기의 기쁘신 뜻을 위하여 너희에게 소원을 두고 행하게 하시나니."(빌 2:13)

30대에 백만 장자가 된 '폴 마이어'(Paul Meier) 회장이 있습니다. 그가 어느 날 전 사원들에게 종이 한 장씩을 나누어주며, '거기에 당신이 가장 원하는 것을 쓰라'고 하였습니다. 그런데 몇몇 사원들은 빈정대며, "거기에 소원을 쓴다고 누가 이루어 주나?" 하면서 비웃고 쓰지 않았습니다. 그러나 다른 사람들은 종이에 다 자기의 소원을 썼습니다.

폴 마이어는 사원들에게 여러분이 바라는 것에 강력한 소원을 가지고 매일 눈으로 보고 읽으면서, 이것이 꼭 이루어진다고 마음속에 꿈을 가지고 그림을 그리며 소원을 가지고 살아가라고 용기를 주었습니다.

소원을 가진 사람들은 뜻대로 이루어졌습니다. 몇 년 후 성취된 간증을 하는데, 어떤 사람은 아름다운 집을 갖기를 원했는데, 좋은 집을 갖게 되었습니다. 또 어떤 사람은 학위를 갖기를 원했는데, 학위를 갖게 됐습니다. 그러나 아무 소원도 쓰지 않은 사람은 아무것도 이룬 것이 없었습니다. 마음속에 분명한 꿈과 목표가 없는 사람은 이룰 것도 없는 것입니다.

'나폴레온 힐'(Napoleon Hill, 성공학 연구자) – "성공한 사람과 실패한 사람의 차이는 그들의 태도에 있다."

미국의 자기개발 프로그램으로 선풍적인 화제를 몰고 온 '베리파버'가 쓴 '지금 당장 시작하라'는 책을 보면 "성공하기를 원하면 성공 시나리오를 마음속에 그리고 꿈을 꾸라"고 말했습니다.

올림픽에서 금메달을 딴 '찰리 패독'은 클리블랜드 고등학교에 와서 "여러분! 어떤 일을 할 수 있다고 생각하면 꼭 할 수 있습니다. 또한 어떤 일이 일어난다고 믿으면 꼭 일어납니다"라고 했는데, 그때 깡마른 흑인 소년이 그 말을 듣고 '나도 금메달을 딸 수 있다'는 꿈을 가졌습니다. 1936년 베를린 올림픽에서 육상에서 금메달을 4개를 딴 사람이 바로 이 깡마른 소년이었습니다.

가슴에 품은 뜨거운 소원을 가지고 기도해야 합니다.

"그 말을 간직해 두었더라"(창37:11)

요셉과 그 아버지 야곱은 그 말을 마음에 두었습니다. 사람이 꿈을 가졌다고 그 꿈이 쉽게 이루어지는 것이 아닙니다. 많은 난관에 부딪히고 절망하고 좌절할 때도 있습니다. 그럴 때마다 낙심하지 않고 불타는 소원을 가지고 기도해야 합니다.

꿈의 사람 요셉은 하나님의 사랑과 부모의 사랑을 특별히 받은 사람이지만, 남달리 고난과 억울한 일을 많이 겪었습니다. 절망과 좌절에 부딪힌 적이 한두 번이 아니었지만, 그는 포기하지 않았고 꿈을 버리지 않았습니다. 중심을 보시는 하나님, 전능하신 하나님이 함께하시고 인도하심을 믿고 낙심하지 않았습니다.

요셉은 남달리 큰 꿈을 가졌기 때문에 다가온 고난과 역경을 이길 수 있었습니다. 인생이 곤경에 처할 때마다 꿈을 버리지 말고, 포기하지 말고, 불타는 소원을 가지고 부르짖어 기도해야 됩니다.

누가복음 11장을 보면 어떤 사람에게 밤중에 손님이 찾아왔는데, 저녁 먹일 떡이 없어서 부자 친구를 찾아가서 떡 세 덩이만 빌려 달라고 했지만 들은 척도 하지 않았습니다. 그러나 이 사람은 낙심하지 않고 계속 문을 두드렸습니다. 하도 시끄럽게 문을 두드리며 부자 친구의 이름을 부르며 떡 세 덩이를 달라고 해도 못 들은 척하고 자려다가도, 이름을 불러대니까 할 수 없이 대답하기를 "옷을 벗고 우리 아이들과 함께 잠을 자는 중이니 다음에 오게"라고 말합니다. 그때 이 사람이 '밤중에 시끄럽게 하는 것이 미안하니까 그만두자'라고 한 것이 아니라, '아! 내 소리를 듣고 있기는 듣고 있구나' 하고 더욱 간절히 부르짖으며 강청했습니다. 그때 부자 친구는 할 수 없이 일어나 떡 세 덩이를 주면서 말하기를, "친구

이기 때문에 주는 것이 아니라 너무 끈질기게 강청하므로 주는 것일세"라고 했습니다.

예수님께서 이 비유를 말씀하시고, '하물며 좋으신 하나님께서 낙심하지 않고 부르짖는 자녀에게 좋은 것으로 주시지 않겠느냐'고 말씀하셨습니다.

누가복음 18장에는, 억울한 일을 당한 가난한 과부가 불의한 재판관을 찾아가서 자기가 당한 억울한 사정을 말하면서, 자기의 원한을 풀어 달라고 간청합니다. 그러나 뇌물이나 좋아하는 불의한 재판관은 들은 척도 안 하고 만나주지도 않습니다. 그러나 과부는 포기하지 않고, 낙망치 않고, 계속 집으로 찾아가서 간절히 자기 소원을 들어 달라고 간청했습니다. 결국 이 불의한 재판관은 불쌍해서도 아니고 뇌물을 받아서도 아니라, 하도 끈질기게 강청하니까 귀찮아서 소원을 들어주었습니다.

포기하지 말고, 낙심하지 말고, 하나님이 귀찮을 정도로 계속 부르짖고 강청하라는 것입니다. 그런데 많은 사람은 끝까지 참지를 못해서 중간에 포기하기 때문에 응답을 받지 못하는 것입니다.

"일을 행하시는 여호와 그것을 만들며 성취하시는 여호와
그의 이름을 여호와라 하는 이가 이와 같이 이르시도다 너는
내게 부르짖으라 내가 네게 응답하겠고 네가 알지 못하는 크
고 은밀한 일을 네게 보이리라."(렘 33:2-3)

내 꿈의 실상을 그려야 합니다.

막연히 꿈만 가질 것이 아니라 다 이루어진 것처럼 구체적
인 그림을 그려야 합니다. 성전을 짓기를 원하면, 이미 다 이
루어진 성전의 모습을 그리며 기도하고 부흥하기를 원하면,
사람들이 동서 사방에서 구름떼같이 몰려오는 모습을 그리
며 기도해야 합니다.

성공하고 싶으면 모든 난관을 다 극복하고 성공한 자기의
모습을 끊임없이 그리며 전진해야 합니다. 병이 낫고 싶으면
하나님이 자기 병을 고쳐 주셔서 건강해진 모습을 그려야 하
나님이 고쳐 주십니다.

"믿음은 바라는 것들의 실상이요."(히 11:1)

복된 믿음은 믿고 바라는 것이 다 이루어진 형상과 모습의 실상을 그려야 하는 것입니다. 다른 말로 하면, 내 꿈의 실상을 끊임없이 바라보아야 합니다.

"내가 진실로 너희에게 이르노니 누구든지 이 산더러 들리어 바다에 던져지라 하며 그 말하는 것이 이루어질 줄 믿고 마음에 의심하지 아니하면 그대로 되리라."(막 11:23)

기도 응답을 받은 형상과 실상을 마음에 그리며 끊임없이 바라보아야 합니다. 창세기 13장에서 조카 롯이 배은망덕하게도 아름답고 기름진 요단 들을 택하여 떠난 후에 아브라함에게 하나님께서 나타나셔서 말씀하셨습니다.

"롯이 아브람을 떠난 후에 여호와께서 아브람에게 이르시되 너는 눈을 들어 너 있는 곳에서 북쪽과 남쪽 그리고 동쪽과 서쪽을 바라보라 보이는 땅을 내가 너와 네 자손에게 주리니 영원히 이르리라."(창 13:14-15)

하나님은 아브라함에게 가나안 땅을 어느 날 갑자기 주신 것이 아니라 믿음의 눈으로 계속 바라보게 한 다음에 주셨습니다. 어떤 것을 끊임없이 계속 바라보면 내가 그것에 끌려가든지, 그것이 내게 끌려오든지 하게 됩니다.

'작은 거인'이라는 별명을 가진 프로 골퍼 '이다연' 선수가 있습니다. 골프 선수치곤 157cm의 작은 키에 아담한 체격이지만 엄청난 장타력으로 키가 크고 힘이 좋은 선수들을 상대로 우승을 차지해서 생긴 별명입니다. 이다연 프로가 가장 좋아하는 말씀은 시편 48편 14절이라고 합니다. "이 하나님은 영원히 우리 하나님이시니 그가 우리를 죽을 때까지 인도하시리로다." 이다연 프로는 "골리앗보다 더 크신 하나님을 바라보고 의지했던 다윗의 믿음을 닮기를 간구한다"고 말했습니다.

그는 1997년 세 자매 중 둘째로 태어났습니다. 음악을 전공하는 다른 자매들과 달리 어린 시절부터 유달리 뛰어노는 것을 좋아했습니다. 잠시도 가만히 있지 못하는 활동적인 아이였습니다. 골프채를 처음 잡은 건 7살 때였습니다. 이 프로는, 아빠 손잡고 놀러 간 실내 골프연습장에서 골프채로 하얀색의 작은 공을 굴려서 골프 컵 홀에 넣는 것이 너무 재미있었다고 했습니다.

취미로 시작한 골프는 중학생 때 최고의 골퍼가 되겠다는 꿈을 갖게 됐습니다. 이 프로는 작은 체격을 극복하기 위해서 매일 같이 혹독한 훈련을 했습니다. 힘든 훈련은 자신과의 싸움이었습니다. 이 프로는, 힘든 훈련 중에도 주일이면 교회 친구들과 찬양대도 함께 서고 신앙생활 하는 게 큰 기쁨이었다면서, 포기하고 싶은 순간에도 교회에서 봉사하며, 늘 자신을 위해 기도하는 부모님을 보면서 다시 힘을 얻을 수 있었다고 고백했습니다.

이 프로는 2015년 8월 KLPGA 투어에 입회했습니다. 이어 2017년 10월 '팬덤 클래식 with YTN대회 우승을 시작으로, 투어 통산 8승을 기록했습니다. 이 가운데 생애 첫 메이저 대회인 2019년 '기아자동차 제33회 한국 여자오픈 골프선수권대회'를 가장 기억에 남는 경기로 손꼽았습니다.

그는 그 경기에 대해서 이렇게 고백했습니다. "마지막 날 대회를 앞두고 선두와 7타 차이가 났어요. 이 기록을 뒤집는 것이 매우 힘들다는 것을 알면서도 하나님께 우승하게 해달라고 떼를 쓰며 기도했어요. 시합 당일이 되자 '최선을 다할 테니 하나님 뜻대로 이루어 주옵소서'라는 기도가 나왔어요. 기도하면서 시합에 임했는데, 말도 안 되는 공이 컵 홀로 들어가면서 우승을 차지했어요. 정말 하나님이 개입하셨다고 밖에 설명할 수 없는 대회였습니다."

이 프로의 상의 유니폼에 부착된 한 기독교 방송사의 이름이 적힌 패치도 덩달아 큰 관심을 받았습니다. 프로 골프 선수들은 걸어 다니는 광고판으로 불리는데, 이 프로의 아버지는 방송국을 찾아가 광고비도 없이 패치를 사용하게 해달라고 요청했습니다. 하나님을 증거하는 크리스천 골퍼라는 것을 세상에 알리고 복음을 전하기 위해서였습니다. 이 프로는 패치를 보고 주변에서 기도해 주는 동역자들이 많이 생겼다면서, 앞으로도 계속 착용하고 시합에 임할 것이라고 말했습니다.

2019시즌 KLPGA 투어에서는 3번이나 우승컵을 들어 올렸습니다. 승승장구하던 그녀를 멈춰 세운 건 다름아닌 코로나19였습니다. 2020년 모든 것이 멈췄습니다. 매주 열리던 대회도 절반밖에 개최되지 않았고, 갤러리들의 함성과 박수 소리도 끊겼습니다. 이 프로는 "하나님은 우승의 영광도 누리게 하셨지만, 고난의 시간도 주셨습니다. 고난을 비켜 가게 하시는 게 아니라, 고난 가운데 있는 나와 함께해 주셨습니다. 고난을 통해 그것이 은혜임을 깨달았습니다."라고 했습니다.

이 프로는 1년 8개월 만에 다시 챔피언으로 돌아왔습니다. 2021년 8월 강원도 춘천에서 열린 KLPGA 투어 시즌 3번째 메이저 대회인 한화클래식 최종 라운드에서 합계 19언더파 269타로 우승을 했습니다. 이제 꿈꾸는 목표는 KLPGA 5대 메이저 대회 석권이라고 했습니다. 그리고 국내 메이저 대회를 석권한 뒤 미국 LPGA에서 큰 꿈을 이루고 싶다면서, "무엇보다 하나님의 계획을 분별하는 지혜를 간구하고 싶습니다. 내 꿈은 하나님의 영광을 드러내는 것입니다. 필드 위에서나 삶 가운데 하나님 중심으로 살아가는 참된 그리스도인이 될 수 있도록 기도해 달라"고 했습니다.

바라는 목표와 꿈이 다 이루어진 구체적인 형상을 눈으로 바라보고, 머리로 생각하고, 가슴에 불타오르는 소원이 되게 해야 합니다. 입으로 말하는 것도 긍정적인 믿음의 말을 해야 합니다. 믿음과 말은 뗄레야 뗄 수 없는 관계입니다. 구원도 마음으로만 믿어서 되는 것이 아닙니다.

"네가 만일 네 입으로 예수를 주로 시인하며 또 하나님께서 그를 죽은 자 가운데서 살리신 것을 네 마음에 믿으면 구원을 받으리라 사람이 마음으로 믿어 의에 이르고 입으로 시인하여 구원에 이르느니라."(롬 10:9-10)

배의 작은 키가 큰 배의 방향을 결정하는 것 같이, 사람의 혀도 그와 같이 큰 영향을 끼치는 것입니다. 꿈을 가진 사람은 말도 긍정적으로 품위 있게 해야 합니다. 좋은 말, 복 받을 말만 해야 합니다. 어떤 사람은 입만 열었다하면 복을 깨는 소리만 하는 사람이 있습니다. 복된 말 복된 꿈을 갖고 가슴에 복된 꿈과 소원을 품고, 머리에 다 이루어진 형상을 그리며, 입으로 끊임없이 그 꿈이 다 이루어진 것처럼 말하며 나아갈 때 정상의 자리에 서게 되는 것입니다.

복된 말

제가 부교역자 생활을 할 때 여전도사님들의 대화가 생각
납니다. 한 전도사님이 "난 남편 없인 살아도 아이들 없이는
못 살아요."하니까, 옆에 있던 연세 많으신 여전도사님이 정
색을 하면서, "그런 소리 하지 말어. 전에 내가 걸핏하면 남
편 없이는 살아도 자식 없이는 못 살아 했더니, 진짜로 남편
이 일찍 죽었어. 남편 없이도 못 살고 자식 없이도 못 살아,
둘 다 소중하다고 말해"라고 말하는 것을 듣고 말의 중요성
을 깨달았습니다.

사람은 그 일생을 그 입으로 산다고 말할 수 있습니다. 입
으로 생명을 유지하고 그 입으로 말하면서 일생을 살아갑니
다. 그러므로 입이 우리의 생명입니다. 죽고 사는 것이 이 혀
에 있는 것입니다.

독일에 무뚝뚝한 남편과 상냥한 아내가 살고 있었습니다. 그런데 아내가 아무리 상냥하게 대하고 애교를 부려도 칭찬 한마디 안 하고, 그 흔한 '사랑해'라는 말 한마디도 안 해주자, 아무리 해도 '나는 남편의 마음에 안 드는 아내인가 보다'라고 생각하고 고민하다가 병이 났습니다.

거의 죽게 된 다음에야 남편이 눈물을 뚝 흘리면서, "당신이 죽으면 난 어떻게 해. 내가 당신을 얼마나 사랑하는데, 당신은 참 좋은 아내였는데."하고 눈물 흘렸습니다.

그때 다 죽어가던 아내가 눈을 번쩍 뜨더니, "지금 한 말이 정말이에요? 진작 그 말을 해주지 그랬어요. 나는 아무리 노력해도 당신 마음에 안 드는 아내인 줄 알고 고민하다가 이렇게 병이 들었어요." 아내는 기쁨에 차서 외쳤지만, 이미 때가 늦어 병이 깊어서 결국 죽고 말았습니다.

우리의 말 한마디가 내 가족을 기쁘게도 하고 슬프게도 하며, 행복하게도 하고 불행하게도 하며, 성공하게도 하고 실패하게도 만듭니다. 이 말의 영향력이 큰데 특별히 가정에서의 말의 위력은 대단히 큽니다. 식구들이 말하는 것을 들어보면, 그 가정이 행복한 가정인지 불행한 가정인지를 알 수 있고, 또 복 받을 가정인지 저주받을 가정인지를 알 수 있습니다.

"그러므로 생명을 사랑하고 좋은 날 보기를 원하는 자는 혀를 금하여 악한 말을 그치며 그 입술로 거짓을 말하지 말고 악에서 떠나 선을 행하고 화평을 구하며 그것을 따르라."(벧전 3:10-11)

특별히 성장하는 아이들에게 칭찬의 말을 해주고 용기와 힘을 주는 말을 해 주어야지, 악담이나 저주하는 말을 하거나 절망을 주는 말을 해서는 안 됩니다.

'민성길'(연세대 의대 명예교수, 한국 신경정신의학회 이사장) - "욕설은 마음속 감정과 생각을 절제하지 않고 그대로 표현하는 것이다."

아홉 살이 된 남자 아이가 우물가를 지나가고 있었습니다. 동네 아낙들이 자기를 가리키며 옆 사람에게 말하는 걸 들었습니다. "저 애는 왜 저렇게 비쩍 마르고 눈만 커다래서 보기 싫으니." 동네 아낙의 그 말이 어린아이의 가슴에 비수처럼 꽂혔습니다.

그날 이후 28년 동안, 이 아이는 한 번도 기를 펴지 못하고 아무것도 할 수 없는 무능한 사람이 되어버렸습니다. 집은 부유해서 별 고생은 하지 않았지만, 대학 졸업 후 도무지 취직이나 결혼할 생각조차 하지 않았습니다.

37살이 되도록 별볼일 없이 지내던 그에게 어느 날 생명의 손길이 뻗쳐 왔습니다. 그가 다니던 교회의 한 믿음의 그룹이 그를 주목했습니다. 그 그룹의 사람들은 항상 주눅 들어 있는 그의 모습을 측은히 여기고, 그에게 용기를 불어넣어 주기로 했습니다. 그를 위해 믿음의 친구들이 기도했고, 그를 도울 수 있는 좋은 방법을 생각해 냈습니다. 그의 장점을 찾아내서 표시 안 나게 칭찬하기로 했습니다. 그는 사실 많은 장점을 가지고 있었습니다.

믿음의 친구들은 그와 더불어 지내면서 그의 장점에 대해 자연스럽게 칭찬해 주었습니다. 이런 일들이 계속되면서 그의 태도가 차츰 달라지기 시작했습니다. 그에게 이전에는 찾아볼 수 없었던 활기가 느껴졌습니다. 몇 달이 지나자, 그의 태도에서 자신감과 당당함이 드러나기 시작했습니다. 어느 날 그는 벽에 걸려있는 거울에 자신의 모습을 비춰 보았습니다. 놀랍게도 그 거울 속에는 180cm의 훤칠한 키에 완벽한 이목구비를 갖춘 잘생긴 청년이 웃고 있었습니다.

이렇게 준수한 청년이 그동안 자신을 못난이로 생각하고 주눅 든 인생을 살아왔다니 믿을 수가 없었습니다. 그가 그날 거울 속에 비친 자신의 모습을 바라 보면서 받은 충격은 엄청난 것이었습니다. 지금까지 살아온 세월이 너무나 억울하고 분했습니다. 그날부터 그는 열심히 공부하여 박사 학위를 받고 교수가 됐습니다. 그가 바로 이 시대의 석학 김형석 교수입니다.

우리의 말은 한 사람의 생명을 살리기도 하고 죽이기도 할 만큼 위력적입니다. 죽이는 한마디의 말이 오랫동안 한 사람의 인생을 끌고 다니며 비참하게 만든 것처럼, 살리는 말 한마디가 아무짝에도 쓸모없어 보이던 한 사람을 이 시대에 중요한 인물로 만들었습니다.

말은 씨앗입니다. 심는 대로 거둡니다. 뿌린 대로 거둡니다. 복 받을 말을 자꾸 심으면 복을 받게 되고, 악한 말을 자꾸 하면 저주와 불행이 옵니다.

'누에'는 자기 입에서 나오는 명주실로 자기 집을 짓고 삽니다. 사람은 평소 자기 입의 말대로 자기 인생의 집을 짓고 삽니다. 환경이 조성됩니다. 삶이 조성됩니다.

"사람은 입에서 나오는 열매로 말미암아 배부르게 되나니 곧 그의 입술에서 나는 것으로 말미암아 만족하게 되느니라 죽고 사는 것이 혀의 힘에 달렸나니 혀를 쓰기 좋아하는 자는 혀의 열매를 먹으리라."(잠 18:20-21)

사람은 입에서 나오는 말의 열매로 배부르게 살기도 하고 만족한 삶을 살게 됩니다.

"네 입의 말로 네가 얽혔으며 네 입의 말로 인하여 잡히게 되었느니라."(잠 6:2)

복된 인생을 사는 사람은 복된 말을 합니다. 그러면 어떤 말이 복된 말입니까?

불신앙의 말 대신에 믿음의 말을 해야 합니다.

"갈렙이 모세 앞에서 백성을 조용하게 하고 이르되 우리가 곧 올라가서 그 땅을 취하자 능히 이기리라 하나 그와 함께 올라갔던 사람들은 이르되 우리는 능히 올라가서 그 백성을 치지 못하리라 그들은 우리보다 강하니라 하고."(민 13:30-31)

지도자 모세가 바란광야에서 12명의 정탐꾼을 뽑아서 하나님이 약속하신 가나안 땅을 정탐하고 오라고 보냈더니, 40일 동안 정탐하고 돌아온 12명 중에 10명은 불신앙의 말을 합니다. '우리가 가보니까 정말 젖과 꿀이 흐르는 땅이다. 이 과일을 보라. 엄청나다. 그런데 그들은 강하고 성은 견고해서 결코 점령할 수 없다'는 불신앙의 말을 했습니다. 그러나 여호수아와 갈렙은 긍정적인 믿음의 말을 했습니다. '저들의 말이 맞다. 그러나 그들의 신은 떠났고 하나님이 우리와 함께 하신다. 하나님을 믿고 들어가면 정복할 수 있다'는 믿음의 말, 신앙의 말을 했던 여호수아와 갈렙은 약속의 땅 가나안땅에 들어갔지만, 불신앙의 말을 한 10명의 정탐꾼은 젖과 꿀이 흐르는 약속의 땅에 들어가지 못했습니다.

믿음의 사람은 논쟁이나 농담을 할 때, 하나님께 대하여 또는 성경 말씀에 대하여 불신앙의 말을 하지 말고, 항상 하나님 편에 서서 믿음의 말을 해야 합니다. 어떤 사람은 성도라고 하면서 교회를 비판하고 성경을 불신하는 말을 하며, 하나님을 불신하는 말을 하는 것을 보면 가슴이 무너지는 것 같습니다. 믿을 수도 있고 못 믿을 수도 있다고 하면 믿는 편을 택하십시오. 베드로가 신앙고백의 말을 한마디 잘해서 수

제자가 되고 역사에 빛나는 인물이 됐습니다.

'케논'(Canon, 신학자) – "믿음은 고백에 용기를 주고 고백은 믿음에 용기를 준다."

'데이비드 오언'(David Owen, 영국 정치가) – "믿음이란 당신의 고백보다 더 올라갈 수 없다."

"영접하는 자 곧 그 이름을 믿는 자들에게는 하나님의 자녀가 되는 권세를 주셨으니."(요 1:12)

"그러면 무엇을 말하느냐 말씀이 네게 가까워 네 입에 있으며 네 마음에 있다 하였으니 곧 우리가 전파하는 믿음의 말씀이라 네가 만일 네 입으로 예수를 주로 시인하며 또 하나님께서 그를 죽은 자 가운데서 살리신 것을 네 마음에 믿으면 구원을 받으리라 사람이 마음으로 믿어 의에 이르고 입으로 시인하여 구원에 이르느니라."(롬 10:8-10)

병고침도 입으로 시인할 때 이루어집니다. 우리의 입으로 마귀가 사용하지 못하도록 믿음의 말을 해야 합니다. 복된 말을 해야 합니다. 그래야 믿음도 커지고 하나님의 축복을 받는 한 해가 된다는 것을 믿으시고 복된 믿음의 말을 하는 성도들이 다 되시기를 바랍니다.

저주의 말 대신에 축복의 말을 해야합니다.

"그가 저주하기를 좋아하더니 그것이 자기에게 임하고 축복하기를 기뻐하지 아니하더니 복이 그를 멀리 떠났으며."(시 109:17)

사람이 저주의 말을 하면 자신도 저주를 받기도 합니다. 그러므로 어떤 경우라도 저주하는 말보다 축복된 말을 하고, 그래서 축복을 받고 살아야 하지 않겠습니까? 그런데도 어떤 사람은 꼭 복 받지 못할 말만 하고 복을 깨는 말만 합니다. 참으로 불쌍한 사람입니다.

"이스라엘 자손 앞에서 그 정탐한 땅을 악평하여 이르되 우리가 두루 다니며 정탐한 땅은 그 거주민을 삼키는 땅이요 거기서 본 모든 백성은 신장이 장대한 자들이며 거기서 네피림 후손인 아낙 자손의 거인들을 보았나니 우리는 스스로 보

기에도 메뚜기 같으니 그들이 보기에도 그와 같았을 것이니
라."(민 13:32-33)

10명의 정탐꾼은 가나안땅을 정탐하고 와서 이스라엘 백
성들 앞에서 저주의 말을 합니다. '악평했다'는 말은 히브리
어로 "딥바"이고, '수근거림', '중상', '비방'이란 말로 '나쁜
보고'란 뜻으로 저주했다는 의미입니다.

또 '삼키는 땅'이란 히브리어 "아칼 에레츠"로, '삼켜버리
다', '잡아먹다', '소멸하다', '멸하다'는 의미입니다. 저주의
땅이라는 것입니다. 남을 중상모략하고 남을 악평하고 그런
말을 하는 사람은 저주의 땅에서 산다는 것입니다.

하나님의 자녀들은 어떤 환경과 상황속에서도 저주의 말
을 해서는 안 됩니다. 항상 축복의 말을 하는 습관을 가지고
살아야 합니다. 화가 난다고 함부로 막말을 하고, 아이들에
게 함부로 악담하고 욕을 하고, 저주스런 말보다 축복의 말
을 해야 합니다. 하나님의 자녀로서 저주의 말은 합당치 않
습니다. 한샘에서 단물과 쓴 물이 나올 수 없음 같이, 한 입
에서 축복과 저주의 말이 나올 수가 없습니다.

"이것으로 우리가 주 아버지를 찬송하고 또 이것으로 하나님의 형상대로 지음을 받은 사람을 저주하나니 한 입에서 찬송과 저주가 나오는도다 내 형제들아 이것이 마땅하지 아니하니라 샘이 한 구멍으로 어찌 단 물과 쓴 물을 내겠느냐."(약 3:9-11)

복을 빌면 그 복이 내게로 되돌아옵니다.

"어느 집에 들어가든지 먼저 말하되 이 집이 평안할지어다 하라 만일 평안을 받을 사람이 거기 있으면 너희의 평안이 그에게 머물 것이요 그렇지 않으면 너희에게로 돌아오리라."(눅 10:5-6)

복을 빌어서 받을 자격이 없으면 그 빈 복이 내게로 돌아온다는 말씀입니다. 따라서 저주받을 사람이 아닌데 저주하면 그 저주도 내게 돌아온다고 보아야 할 것입니다. 남들이 함부로 저주한다고 두려워할 필요가 없습니다.

"까닭 없는 저주는 참새가 떠도는 것과 제비가 날아가는 것 같이 이루어지지 아니하느니라."(잠 26:2)

"하나님이 저주하지 않으신 자를 내가 어찌 저주하며 여호와께서 꾸짖지 않으신 자를 내가 어찌 꾸짖으랴."(민 23:8)

"야곱을 해할 점술이 없고 이스라엘을 해할 복술이 없도다."(민 23:23)

"내가 너희에게 뱀과 전갈을 밟으며 원수의 모든 능력을 제어할 권능을 주었으니 너희를 해칠 자가 결코 없으리라."(눅 10:19)

그러므로 남을 저주하는 대신 축복의 말을 해주고 남의 저주를 두려워할 필요가 없습니다. 복된 축복의 말을 하는 여러분 덕분에 가정과 삶에 저주는 떠나가고 하나님의 축복만 넘치기를 바랍니다.

비판의 말 대신에 칭찬의 말을 해야합니다.

"비판을 받지 아니하려거든 비판하지 말라 너희가 비판하는 그 비판으로 너희가 비판을 받을 것이요 너희가 헤아리는 그 헤아림으로 너희가 헤아림을 받을 것이니라."(마 7:1-2)

남을 비판하는 것을 좋아하고 남의 허물을 들추어내기 좋아하는 사람은 자기도 그렇게 비판과 비난을 받게 되는 날이 온다는 것을 잊지 말아야 합니다.

하나님도 한 인간을 심판 하실 때, 그 사람이 죽을 때까지 기다리신다는 말이 있습니다. 남을 정죄하고 허물과 죄를 들추어내기 좋아하고 비난하고 고소하기를 좋아하는 성격은 바로 마귀의 성격입니다. 그러므로 마귀는 밤낮으로 참소하는 자라고 했습니다.

"소문을 퍼뜨리는 자의 말들은 상처들과 같아서 배 속의 가장 안쪽 부분들로 내려가느니라."(잠 26:22)

'마크 트웨인'(Mark Twain, 미국 소설가) - "멋진 칭찬을 들으면 그것만 먹어도 두 달은 살 수 있다."

부부간에도 서로 칭찬해 주는 말을 하십시오. 용기를 주는 말, 남편에게 용기를 주고, 기를 살리는 말을 하십시오. '내가 시집은 잘 왔지. 오늘따라 당신 정말 멋져 보이는데, 나는 당신 없인 못 살아. 나는 다시 태어나도 당신과 결혼할 거야. 참 당신은 기억력도 좋고 똑똑하단 말이야. 애들이 당신 닮아서 똑똑해' 등등 얼마든지 기를 살리는 말이 많습니다.

성도들은 '나는 당신이 교회 잘 나가고 신앙생활 잘하는 것이 좋은 집 좋은 차 타는 것보다 더 기쁘고 행복해'라고 할 수 있어야 합니다.

남자의 기를 살리는 말보다 기죽이게 하는 말은 더 많다고 합니다. '당신한테 시집와서 신세 망쳤어, 당신 집안 식구들은 다 왜 그래, 내가 지지리도 복이 없지. 어쩌다가 저런 사람을 만난 거야, 아이고 내 팔자야. 애들이 지 애비 닮아서 저 모양이야. 피는 못 속인다니까. 당신은 구제 불능이야.'

'내가 당신 직장에서 짤릴줄 알았어, 동창들 모임에도 창피해서 못 가겠어, 내가 그럴 줄 알았어.' 등. 이런 말들이 남편을 기죽이는 것입니다. 특별히 부부가 다투더라도 상대방의 약점이 되는 것은 들추거나 꼬집지 마십시오. 극단으로까지 가지 마십시오. 남편들도 아내에게 '당신을 사랑해요. 당신 오늘따라 유난히 이쁘네. 당신은 보면 볼수록 참 매력적이야. 나는 다시 태어나도 당신과 결혼할 거야.' 등등 얼마든지 기를 살리고 행복하게 해줄 말이 많이 있습니다. 칭찬하기 좋아하는 사람은 사회생활에도 성공합니다.

어려서부터 동네 사람들의 눈쌀을 찌푸리게 하는 골치덩어리 아이가 있었습니다. 사람들은 그 아이를 볼 때마다 '저 아이가 커서 뭐가 되가 되려고 그러나'라고 머리를 흔들었습니다.

그러나 그의 할머니만은 달랐습니다. 골칫덩어리 손자의 머리를 쓰다듬어 주면서 "너는 말을 잘하고 사람을 끄는 재주가 있어 개성만 살리면 크게 될 거야."라고 말해줬습니다. 소년은 할머니의 그 말이 가슴에 남았습니다. 그 말 한마디가 그의 인생을 180도 바꾸어 놓았습니다. 그래서 그는 마침내 세계적인 부흥사가 됐습니다. 그가 바로 '빌리 그레이엄' 목사입니다.

"도가니로 은을 풀무로 금을 연단하듯 사람은 칭찬을 통해 성장한다."(잠 27:21, 쉬운성경)

100가지 잘못을 지적하는 것보다 한 가지 장점을 칭찬하는 것이 낫습니다. 사람은 누구나 남에게 인정받고 싶어 하고, 자기의 가치를 알아주기를 원하고, 칭찬 듣고 싶어 하는 것입니다. 그러므로 남의 약점이나 꼬집기 좋아하고, 남의 죄와 허물이나 들추어내기 좋아하고 비판하기 좋아하는 사람은 결코 성공하지 못합니다. 칭찬해 주고 가치를 인정해 주는 사람이 되어야 합니다.

하나님의 자녀 된 성도는 다른 사람을 비판하는 말보다는 복된 말 칭찬의 말, 축복의 말을 해야 합니다.

불평의 말 대신에 감사의 말을 해야합니다.

"온 회중이 소리를 높여 부르짖으며 백성이 밤새도록 통곡하였더라 이스라엘 자손이 다 모세와 아론을 원망하며 온 회중이 그들에게 이르되 우리가 애굽 땅에서 죽었거나 이 광야에서 죽었으면 좋았을 것을 어찌하여 여호와가 우리를 그 땅으로 인도하여 칼에 쓰러지게 하려 하는가 우리 처자가 사로잡히리니 애굽으로 돌아가는 것이 낫지 아니하랴."(민 14:1-3)

"나를 원망하는 이 악한 회중에게 내가 어느 때까지 참으랴 이스라엘 자손이 나를 향하여 원망하는 바 그 원망하는 말을 내가 들었노라 그들에게 이르기를 여호와의 말씀에 내 삶을 두고 맹세하노라 너희 말이 내 귀에 들린 대로 내가 너희에게 행하리니 너희 시체가 이 광야에 엎드러질 것이라 너희 중에서 이십 세 이상으로서 계수된 자 곧 나를 원망한 자 전부가 여분네의 아들 갈렙과 눈의 아들 여호수아 외에는 내가 맹세하여 너희에게 살게 하리라 한 땅에 결단코 들어가지 못하리라."(민 14:27-30)

10명의 정탐꾼들이 가나안땅에 들어갈 수 없다는 부정적인 보고를 들은 이스라엘 백성들은 불평의 말을 합니다. '왜 애굽 땅에서 잘살고 있는 우리를 이 광야로 이끌고 와서 죽게 하려고 하느냐?' 원망하고 불평의 말을 합니다. 그 결과 그들 모두가 젖과 꿀이 흐르는 가나안땅에 들어가지 못하고 광야에서 비참하게 죽었습니다.

"누추함과 어리석은 말이나 희롱의 말이 마땅치 아니하니 오히려 감사하는 말을 하라."(엡 5:4)

불평의 말을 할 때 마귀가 역사하고, 감사의 말을 할 때 성령이 역사합니다. 불평의 말을 할 때 불행이 찾아오고, 감사의 말을 할 때 행복이 찾아옵니다. 제가 차를 탈 때마다 잠깐 기도하는 것은 지금까지 함께하시고 지켜주신 하나님 오늘도 지켜주시고 함께하실 줄 믿고 감사하는 기도를 드리는 것입니다.

감사의 말을 할 때 마귀나 불행이 찾아오지 못합니다. 욥은 하루아침에 전 재산을 다 잃고, 열 명의 자녀가 한순간에 다 죽었는데도 하나님께 불평의 말이나 원망의 말을 하지 않았습니다.

"이르되 내가 모태에서 알몸으로 나왔사온즉 또한 알몸이 그리로 돌아가올지라 주신 이도 여호와시요 거두신 이도 여호와시오니 여호와의 이름이 찬송을 받으실지니이다 하고 이 모든 일에 욥이 범죄하지 아니하고 하나님을 향하여 원망하지 아니하니라."(욥 1:21-22)

사탄은 욥에게 온갖 고통을 다 주어서 하나님을 원망하고 불평하는 말을 하게 만들려 했지만, 결국 사탄은 실패하고 욥은 전보다 갑절의 축복을 받았습니다.

인생을 살면서 무슨 일을 만나든지 불평의 말 대신에 감사의 말을 하고, 성령이 함께함으로 행복한 삶을 사시기 바랍니다.

부정적인 말 대신에 긍정적인 말을 해야합니다.

"갈렙이 모세 앞에서 백성을 조용하게 하고 이르되 우리가 곧 올라가서 그 땅을 취하자 능히 이기리라."(민 13:30)

"이스라엘 자손의 온 회중에게 말하여 이르되 우리가 두루 다니며 정탐한 땅은 심히 아름다운 땅이라 여호와께서 우리를 기뻐하시면 우리를 그 땅으로 인도하여 들이시고 그 땅을 우리에게 주시리라 이는 과연 젖과 꿀이 흐르는 땅이니라."(민 14:7-8)

모세가 가나안 땅을 점령하기 전 12명의 정탐꾼을 보냈더니, 그중에 10명은 부정적인 보고를 했습니다. '그 땅은 좋은 땅이지만 그 성읍은 강하고 거만을 삼키는 땅이요, 우리는 그 아낙 자손에 비하면 메뚜기 새끼 같습니다'라고, 그 땅을 점령하는 것이 불가능하다고 보고할 때, 온 이스라엘 백성들은 밤새도록 부르짖으며, '차라리 이 광야에서 죽었으면 좋겠다'고 부정적인 말을 했습니다.

그러나 여호수아 갈렙은 '그들은 우리의 밥이다, 두려워하지 말라. 문제없다. 하나님을 믿고 들어갑시다'라고 긍정적인 보고를 했습니다. 결국 가나안 땅에 들어간 사람은 출애굽 한 1세대 중에는 여호수아와 갈렙 뿐이었습니다. 이 광야에서 죽었으면 좋겠다고 말하던 사람들은, 그들이 말한 대로 40년 동안 광야를 방황하다가 다 죽었고, 광야에서 새로 태어난 사람들만 들어갔습니다.

여리고 성이 아무리 철옹성 같아도 하나님 앞에는 종이 하나만도 못하고, 가나안 땅의 아낙 자손들이 아무리 거인이라 할지라도 하나님 앞에는 메뚜기 새끼만도 못하다는 것을 생각지 못하고, 부정적인 말을 했다가 그들의 말대로 다 죽어버렸습니다.

미국의 긍정적인 사고방식의 저자인 로버트 슐러 박사가 켄사스에 있는 어느 유명한 성공자의 집을 방문했는데, 그의 대문에는 이런 말이 새겨져 있었다고 합니다. "이 문에 들어오는 자는 모두 긍정적이고 적극적인 말만 사용하시오. 그렇지 않으면 입을 다물고 계시오."

그러므로 우리 성도들은 할 수 없다는 말 대신에 할 수 있다는 말을 해야 합니다. 큰일 났다는 말 대신에 문제없다는 말을 해야 합니다. 남의 허물보다는 칭찬의 말을 해야 합니다. 불행하다는 말보다는 행복하다는 말을 해야 합니다. 인생을 성공하고 복된 인생을 산 사람들은 하나 같이 긍정적이고 적극적인 언어를 사용하는 사람들입니다.

몽골에 가면 귀한 손님이 오면 양을 잡아서 대접을 합니다. 그런데 다른 것은 다 손님에게 주는데, 양의 귀하고 입은 다른 사람에게 주지 않고 자기 자식에게만 준다고 합니다. 왜냐하면 너희들은 바른말만 듣고 바른말만 하고 살라는 의미로 준다고 합니다.

그렇습니다. 우리 인간의 운명은 거의 입으로 결정됩니다. 입으로 말을 합니다. 입에서 나오는 말이 그 사람의 인격이요, 삶이요, 사상이요, 운명입니다. 그래서 우리가 날마다 쓰는 말이 무엇이냐에 따라서 그 사람의 인격과 인생을 볼 수 있습니다. 인간의 행복과 불행도 그 사람의 언어생활에 따라서 결정됩니다.

인간의 운명을 바꾸려면 생각을 바꾸고, 말을 바꾸고, 행동을 바꾸라고 합니다. 그 사람의 생각이 그 사람이고 그 사람의 말입니다. 그래서 그 사람의 말이 그 사람의 운명을 결정짓습니다. 하나님은 우리 인간에게만 언어를 주셨습니다. 모든 만물이 다 말을 하는 것은 아닙니다. 오직 하나님의 형상을 닮은 사람만이 말할 수 있습니다. 그러므로 말에 실수가 없는 사람은 위대한 사람입니다.

"우리가 다 실수가 많으니 만일 말에 실수가 없는 자라면 곧 온전한 사람이라."(약 3:2)

"네 입의 말로 네가 얽혔으며 네 입의 말로 인하여 잡히게 되었느니라."(잠 6:2)

말에는 죽고 사는 권세가 있고, 또 이 말로 은혜도 받고 저주도 받습니다. 지금까지 내가 쓰고 있는 말들이 어떤 말들인가를 깊이 생각해 보고 복된 말을 하며 사시기 바랍니다.

'박응순 목사'(주안중앙교회 당회장 목사) – "인생은 언어와의 싸움이다."

말 한마디가 곧 당신입니다. 좋은 말을 하면 좋은 사람이 되고 아름다운 말을 하면 아름다운 사람이 됩니다. 복된 말을 하면 복된 사람이 됩니다. 말 한마디가 당신의 미래입니다. 긍정적인 말을 하면 아름다운 소망을 이루지만, 부정적인 말을 하면 실패만 되풀이됩니다. 말 한마디에 이제 당신의 인생이 달라집니다. 진실하며 자신 있는 말은 신뢰를 받습니다.

복된 인생을 살기를 원하십니까? 불신앙의 말 대신에 믿음의 말을 하십시오. 저주의 말 대신에 축복의 말을, 비판의 말 대신에 칭찬의 말을, 불평의 말 대신에 감사의 말을, 부정적인 말 대신에 긍정적인 말을 하나님이 주신 복된 말을 하십시오. 그래서 하나님의 풍성한 은혜 속에 살아가는 행복한 인생이 되시기를 바랍니다.

복된 신앙

우리가 하나님을 믿을 때 감사할 일과 좋은 일도 많지만, 때로는 예수 믿는 것이 짐이 되고, '왜 예수를 믿어야 하는가?'라는 회의가 들어서 예수 믿는 것이 답답하고 힘이 들 때가 있습니다. 그러나 자식이 부모의 마음을 모르듯이 우리 성도들도 하나님 아버지의 마음을 모를 때가 있습니다.

'내리사랑'이란 말이 있습니다. 부모는 자식의 마음을 아는데, 자식은 부모의 마음을 모른다는 말입니다.

신앙생활이 복된 신앙생활이 되도록 해야 하는데, 의심이 가고 불신이 생기는 것은 좋은 신앙이 아닙니다. "하나님을 믿는다고 하면서도 하나님의 심정을 너무나 모르고 신앙생활을 하는구나." 하는 생각이 들고, '믿습니다.' 하면서도 참 믿음과 거리가 먼 신앙생활을 할 때가 많습니다.

그러면 '복된 신앙'이란 무엇입니까?

기도한 것은 받기 전에 받은 줄로 믿는 신앙이 복된 신앙입니다.

"내가 너희에게 말하노니 무엇이든지 기도하고 구하는 것은 받은 줄로 믿으라 그리하면 너희에게 그대로 되리라."(막 11:24)

기도하고 나서 하나님의 약속을 믿고 응답이 오기 전에 받은 줄로 믿어야 한다고 주님께서 말씀하셨습니다.

어느 날 예수님께서 길을 가시다가 잎만 무성하고 열매가 없는 무화과나무를 보고 저주하셨는데, 다음날 보니 그 나무가 뿌리까지 말라비틀어져 죽어 있었습니다. 그때 제자들이 놀라서 "랍비여 보소서 저주하신 무화과나무가 뿌리부터 말라비틀어져 죽었나이다"라고 하자, 예수님께서 "무엇이든지 기도하고 구하는 것은 받은 줄로 믿으라"고 중요한 말씀을 하셨습니다.

이 말씀에는 "너희들이 내가 어제 이 나무를 저주했을 때에는 싱싱하게 시퍼렇게 그대로 있으니까 속으로 안 믿었지? 자, 봐라. 오늘 뿌리까지 시들시들 말라 죽지 않았느냐? 눈으로 결과가 보이지 않더라도 무엇이든지 기도하고 구하는 것은 받은 줄로 믿으라. 그리하면 너희에게 그대로 되리라"고 말씀하신 것입니다.

복된 신앙, 살아 역사하는 참된 믿음은 응답을 받기 전에 받은 줄로 믿는 것입니다. 기도로 병 고침 받는 것도 하나님이 고쳐 주실 줄 믿고 기도하고 난 다음에는 "하나님이 지금 내 병을 고쳐주셨다. 지금 쑤시고 아픈 것은 마귀의 거짓말이다" 하고 치료받은 줄 믿으면 고침을 받는 것입니다. 기도하는 사람이나 기도 받는 사람이나 "낫는지 안 낫는지 두고 봐야지."라는 생각을 하면 안됩니다. 기도할 때만 "믿습니다" 하지 말고, 기도하고 나서도 계속해서 "하나님이 지금 응답해 주시고 계심을 믿습니다"하고 응답받은 것을 믿어야 합니다.

요한복음 11장에는, 예수님께서 죽은 나사로를 살리러 가셨을 때, "나는 부활이요 생명이니 나를 믿는 자는 죽어도 살겠고 살아서 나를 믿는 자는 영원히 죽지 아니하리니 이것을 네가 믿느냐?"고 말씀하셨는데도 믿지 않는 것을 보시고 속으로 통분히 여기시며 무덤 앞으로 가셨습니다.

예수님께서 "네가 믿으면 하나님의 영광을 보리라 하지 아니하였느냐." 하시고, 무덤 문을 막고 있는 돌을 옮겨 놓으라 하시고 기도하시기를, "아버지여 항상 내 말을 들으신 것을 감사하나이다." 그리고 큰 소리로 "나사로야 나오너라."고 말씀하실 때, 죽었던 나사로가 살아나는 역사가 일어났습니다.

예수님은 결과가 나타나기 전에 받은 줄로 믿었습니다. 기도 응답을 잘 받는 비결 중 하나가 미리 받은 줄로 믿는 것입니다. 기도하고 나서도 계속해서 하나님이 응답 해주실 것을 생각해야 합니다.

믿음의 조상 아브라함은 나이 100세가 되었어도 아들을 주신다는 약속을 믿고, 자기 몸의 죽은 것 같음과, 사라의 경수가 끊긴 것을 알고도 믿음이 약해지지 않았습니다.

"믿음이 없어 하나님의 약속을 의심하지 않고 믿음으로 견고하여져서 하나님께 영광을 돌리며."(롬 4:20)

병든 자를 위해서 기도할 때도 반신반의하면서 기도하면 안 됩니다. 예수님에 대한 분명한 확신과 믿음을 가지고 기도해야 역사가 일어납니다.

"너희 중에 누구든지 지혜가 부족하거든 모든 사람에게 후히 주시고 꾸짖지 아니하시는 하나님께 구하라 그리하면 주시리라."(약 1:5)

"오직 믿음으로 구하고 조금도 의심하지 말라 의심하는 자는 마치 바람에 밀려 요동하는 바다 물결 같으니, 이런 사람은 무엇이든지 주께 얻기를 생각하지 말라, 두 마음을 품어 모든 일에 정함이 없는 자로다."(약 1:6-8)

역대상 20장에서 모압과 암몬, 마온 사람 삼군이 연합군이 되어 유다 나라 여호사밧 왕을 치러왔습니다. 그때 기도의 사람 여호사밧 왕은 성전으로 올라와서 "하나님이여 우리를 치러오는 이 큰 무리를 우리는 대적할 힘이 없고 어떻게 할 줄도 알지 못하고 오직 주만 바라보나이다"라고 간절하게 믿음과 확신을 가지고 기도했습니다. 기도한 후에는 하나님의 응답이 왔습니다.

"이 전쟁에는 너희가 싸울 것이 없나니 대열을 이루고 서서 너희와 함께 한 여호와가 구원하는 것을 보라 유다와 예루살렘아 너희는 두려워하지 말며 놀라지 말고 내일 그들을 맞서 나가라 여호와가 너희와 함께 하리라."(대하 20:17)

하나님의 음성을 듣고 받은 줄 믿고 거룩한 예복을 입고 "여호와께 감사하세" 찬송을 부르며 나갔더니, 하나님이 복병을 두사 삼군 연합군이 자기들끼리 치고받고 싸우다가 다 죽었습니다. 받은 줄로 믿고 감사하며 찬송했더니 이런 역사가 나타났습니다. 그러나 자기 정욕과 자기 욕심으로 하는 잘못된 동기로 기도하고 억지로 믿으려고 해서는 안 됩니다.

"너희가 내 안에 거하고 내 말이 너희 안에 거하면 무엇이든지 원하는 대로 구하라 그리하면 이루리라."(요 15:7)

오해하지 말아야 할 것은 "받은 줄로 믿으라"고 했다고, 기도한 다음부터는 기도를 안 해도 된다는 뜻이 아닙니다. 기도할 때 의심치 말라는 것입니다. 확신을 갖고 믿음을 갖고 더욱 기도해야 합니다.

"오직 믿음으로 구하고 조금도 의심하지 말라 의심하는 자는 마치 바람에 밀려 요동하는 바다 물결 같으니, 이런 사람은 무엇이든지 주께 얻기를 생각하지 말라."(약 1:6-7)

"구하라 그리하면 너희에게 주실 것이요 찾으라 그리하면 찾아낼 것이요 문을 두드리라 그리하면 너희에게 열릴 것이니, 구하는 이마다 받을 것이요 찾는 이는 찾아낼 것이요 두드리는 이에게는 열릴 것이니라."(마 7:7-8)

"너희가 기도할 때에 무엇이든지 믿고 구하는 것은 다 받으리라."(마 21:22)

기도했으면 하나님께서 이미 응답하신 줄 믿는 것이 중요합니다. 살아계신 하나님을 믿고, 어떤 문제가 됐든지 부르짖어 기도하시기 바랍니다. 믿고 기도하면 하나님께서 반드시 응답하시고 역사하신다는 것을 믿는 믿음이 복된 믿음입니다.

복된 신앙은 안 보여도 본 것같이 믿는 신앙입니다.

"예수께서 그들에게 대답하여 이르시되 하나님을 믿으라, 내가 진실로 너희에게 이르노니 누구든지 이 산더러 들리어 바다에 던져지라 하며 그 말하는 것이 이루어질 줄 믿고 마음에 의심하지 아니하면 그대로 되리라, 그러므로 내가 너희에게 말하노니 무엇이든지 기도하고 구하는 것은 받은 줄로 믿으라 그리하면 너희에게 그대로 되리라."(막 11:22-24)

믿음의 사람이 눈으로 볼 수 있어야 믿으려고 하고 손으로 만져봐야 믿으려고 하는 것은 세상 사람들과 다를 바 없습니다. 주변에 공기가 가득하지만, 눈에 보입니까? 말소리가 여러분 귀에 잘 들리지만 만질 수 있습니까? 없습니다. 그러나 분명히 있습니다. 하나님도 우리와 항상 함께 계시지만, 눈에는 보이지 않습니다. 그러나 믿는 성도는 항상 하나님과 동행하는 것입니다.

"우리가 주목하는 것은 보이는 것이 아니요 보이지 않는 것이니 보이는 것은 잠깐이요 보이지 않는 것은 영원함이라."(고후 4:18)

"믿음은 바라는 것들의 실상이요 보이지 않는 것들의 증거니."(히 11:1)

믿음은 보이지 않는 것을 본 것 같이 여기는 것입니다. 내 이름으로 도장 찍힌 집문서를 받아 들었으면 내가 그 집에 들어가지 않아도 이미 집을 소유한 것과 같습니다.

"믿음으로 애굽을 떠나 왕의 노함을 무서워하지 아니하고 곧 보이지 아니하는 자를 보는 것 같이 하여 참았으며."(히 11:27)

하나님은 우리의 앉고 일어섬을 아시고, 자리에 눕는 것과 하루하루 행하는 것과 우리의 말하는 것과 생각하는 것도 아십니다. 멀리서도 우리의 중심을 꿰뚫어 보시는 분이십니다. 다윗은 하나님이 눈에 안 보이지만 항상 자기와 함께 하심을 믿었습니다.

"내가 사망의 음침한 골짜기로 다닐지라도 해를 두려워하지 않을 것은 주께서 나와 함께 하심이라 주의 지팡이와 막대기가 나를 안위하시나이다."(시 23:4)

1851년 11월, 미국 메릴랜드주에 사는 한 농부가 미국 재무성에 이런 청원서를 냈습니다. 그것은 미국이 만들어 내는 모든 화폐에 "우리는 하나님을 믿습니다"(In God We Trust)라는 말을 넣어달라는 것이었습니다.

그로부터 13년 후인 1864년 미국 의회에서 정식으로 이를 결정하고, 오늘날까지 모든 화폐에는 "우리는 하나님을 믿습니다"라는 말을 넣고 있습니다. 미국 돈은 단순한 미국의 돈만이 아니라 세계 기축통화입니다. 세계 어느 곳에서도 미국 돈은 통용되고 있기 때문입니다. 그 원인이 미국의 국력 때문이라고 봅니다. 그러나 그보다 더 깊은 원인을 찾는다면, 'In God We Trust'라는 그 말 때문이라고 생각합니다.

사람들이 인정하든 인정하지 않든 전 세계 사람들은 "우리는 하나님을 믿습니다"라는 전도지를 주고받고 있다는 사실을 결코 우연으로 돌릴 수는 없다고 생각합니다.

눈에 보이지는 않지만, 하나님을 믿고 경외하는 개인이나 가정, 국가가 번영하고 복을 받는다는 사실을 명심해야 합니다. 그리고 하나님을 높이고 경외하면서 이미 응답받은 줄 믿고 기도해야 응답받는다는 것도 잊지 말아야 합니다. 우리의 눈에 보이지 않아도 보는 것 같이 믿는 것이 복된 신앙이요, 능력이 나타나는 신앙입니다.

눈에 보이지 않아도 이미 본 것처럼 확신하고, 귀에 들리지 않아도 이미 들은 것처럼 믿고, 손에 잡히지 않아도 이미 잡은 것처럼 믿고 확신할 때 기적과 역사가 일어나고, 이런 신앙이 하나님이 기뻐하는 복된 신앙입니다.

복된 신앙이란 불가능해 보여도 가능하다고 믿는 신앙입니다.

"그들이 아침에 지나갈 때에 무화과나무가 뿌리째 마른 것을 보고, 베드로가 생각이 나서 여짜오되 랍비여 보소서 저주하신 무화과나무가 말랐나이다, 예수께서 그들에게 대답하여 이르시되 하나님을 믿으라, 내가 진실로 너희에게 이르노니 누구든지 이 산더러 들리어 바다에 던져지라 하며 그 말하는 것이 이루어질 줄 믿고 마음에 의심하지 아니하면 그대로 되리라, 그러므로 내가 너희에게 말하노니 무엇이든지 기도하고 구하는 것은 받은 줄로 믿으라 그리하면 너희에게 그대로 되리라."(막 11:20-24)

믿음에 손상을 주고 기도를 방해하는 것 중의 하나는 인생에 너무 큰 어려운 일을 당할 때는 "아이쿠, 큰일 났구나. 이건 기도해봤자 소용이 없겠구나. 이건 불가능해"라고 단정하는 것입니다. 그러나 참된 신앙인은 천지를 창조하시고 인도하시는 하나님께서 함께하시고 도와주신다고 확신해야 합니다.

　　"내가 산을 향하여 눈을 들리라 나의 도움이 어디서 올까, 나의 도움은 천지를 지으신 여호와에게서로다."(시 121:1-2)

　　좌절과 절망의 생각이 들 때마다 천지를 지으시고 불가능이 없으신 하나님께 눈을 들어야 합니다. 불가능해 보여도 하나님에게는 능치 못하심이 없다는 믿음을 가지고 기도해야 합니다.

　　열왕기하 19장을 보면, 앗수르의 산헤립이 대군을 이끌고 이스라엘에 쳐들어왔습니다. 그리고 히스기야에게 항복하라고 협박 편지를 보냅니다. 그때 히스기야는 협박 편지를 받아 들고 성전으로 올라가서 능치 못하심이 없는 하나님께 펼쳐 놓고 기도했습니다. "살아 계신 하나님, 눈을 떠서 보시옵소서. 산헤립이 살아 계신 하나님을 비방하며 보낸 편지를 보십시오."하고, 히스기야가 기도할 때 하나님께서 그 기도를 들으시고 여호와의 사자가 나가서 앗수르의 18만 5천 명을 쳐 죽이고 승리케 하셨습니다.

불가능이 없으신 하나님만 바라보고 간절히 기도했더니, 하나님이 앗수르의 대군을 물리쳐 주셨습니다. 불가능을 가능하다고 믿는 신앙이 복된 신앙이요, 능력이 나타나는 신앙입니다.

마가복음 9장에는 귀신들린 사람의 아버지가 예수님께 아들을 데리고 와서 "무엇을 하실 수 있거든 우리를 불쌍히 여기사 도와 주옵소서."라고 도움을 요청합니다. 예수님께서는 "할 수 있거든이 무슨 말이냐 믿는 자에게는 능치 못할 일이 없느니라."고 말씀하십니다. 그러자 그 아버지가 큰 소리로 "주여 내가 믿나이다. 나의 믿음 없는 것을 도와주소서."라고 부르짖자, 예수님께서 즉시 더러운 귀신을 꾸짖어 가라사대 "벙어리 되고 귀먹은 귀신아 내가 네게 명하노니 그 아이에게서 나오고 다시는 들어가지 말라." 하시매, 그 아이가 소리를 지르고 심히 경련을 일으키며 나가므로 깨끗하게 나았습니다.

연세대학교 법과대학 법학과 교수를 역임하시고, 법무부 변호사 시험법 제정 특별분과위원회 위원장을 지내시고, 한국 가족 법학회 편집 위원회 위원장과 한국 민사 법학회 부회장을 지내신 이화숙 권사님의 이야기입니다.

학창시절 교회에 나가 성경공부를 했지만, 예수님이 사기꾼으로 밖에 안 보여서 교회를 박차고 나갔습니다. 그런데 30대 중반에 유방암 수술을 받게 되었고, 상황이 어려워지자 이제는 하나님께 기댈 수밖에 없는 상황이 되었습니다.

예수는 사기꾼이라며 교회를 박차고 나왔는데, 그 예수님께 기도한다는 것은 그녀의 자존심이 용납하지 않았지만, 절박한 상황에서 그녀는 자존심을 버리고 주님께 하나님 살려달라고 간절히 기도했습니다. 그러고 나서 기적같이 그녀는 치료가 되었습니다. 그때 그녀는 영적 방황을 끝내기로 결심했고, 다시 주님의 품으로 돌아왔습니다. 하지만 박사학위를 받고 강의와 연구로 바빠지자, 하나님은 그녀의 삶의 우선 순위에서 밀려났습니다.

그렇게 생활하던 중 유방암이 재발하게 되었습니다. 다시 수술을 또 받게 된 그녀는 설상가상으로 그렇게 건강하던 남편이 갑자기 쓰러져 식물인간이 되었습니다. 너무 기가 막힌 현실에 그녀는 절망하지 않을 수 없었습니다. 그러던 어느 날 목사님이 병원으로 찾아오셨습니다. 그리고 말씀을 펴고는 기도해 주셨습니다.

"믿음의 기도는 병든 자를 구원하리니 주께서 그를 일으키시리라 혹시 죄를 범하였을지라도 사하심을 받으리라."(약 5:15)

그녀는 '하나님이 살아계시니 내게 소망이 있구나' 하는 깨달음이 왔다고 합니다. 그런 절박한 현실에서 '하나님이 계시니 정말 다행이다'라는 생각이 그녀에게 평안을 가져다 준 것입니다. 그후 주님의 말씀이 그녀의 마음에 들어와 역사하기 시작했습니다.

"그가 찔림은 우리의 허물 때문이요 그가 상함은 우리의 죄악 때문이라 그가 징계를 받으므로 우리는 평화를 누리고 그가 채찍에 맞으므로 우리는 나음을 받았도다."(사 53:5)

이전에는 그런가 하고 무심히 넘겼던 말씀인데, 이제는 이것이 내게 주신 말씀이라는 것이 깨달아지기 시작합니다. 예수님이 죄인인 나의 죄를 대신 짊어지고 죽으셨다는 것을 머리로만 이해하는 것이 아니라, 피부에 와닿는 체험으로 경험하게 된 것입니다. 하나님의 은혜로 다시 살아나게 된 그녀는 이렇게 고백했습니다.

"50세가 넘은 나이에 고난을 통해 진리를 발견한 나는 십자가의 사랑을 전하고 싶어 견딜 수가 없었습니다. 매일 병원에 들러 남편의 귓가에 하나님의 말씀을 전했고 학교에 갈 때마다 나의 기도가 필요한 학생을 보내달라고 기도했습니다. 그러자 자살을 하려던 학생, 위로가 필요한 학생들이 찾아왔고 내가 만난 주님을 전할 때 눈물로 주님을 영접하는 일이 거듭되었습니다. 그리스도께서 나와 함께 고난의 산을 넘고 계시다는 믿음이 커져갔고 나의 문제는 점점 작아졌습니다."

하나님을 믿는다면 절망을 말하지 맙시다. 부정적인 생각을 버립시다. "못 할거야. 안 될거야. 다 되도 이건 안 될거야."라고 하는 대신에, "하나님을 믿는 자에게는 능치 못할 것이 없다.", "내게 능력 주시는 자 안에서 나는 무엇이든지 할 수 있다."라고, 천지를 지으시고 주장하시는 전지전능하신 하나님을 바라보고 믿어야 합니다. 그럴 때 불가능해 보이던 것들이 가능해지고 해결되는 것을 보게 될 것입니다. 불가능해 보여도 가능하다고 믿는 신앙이 복된 신앙입니다.

복된 신앙은 고난을 축복으로 믿는 신앙입니다.

복싱 챔피언 '제임스 J 콜벳'은 자신이 챔피언에 오를 수 있었던 이유에 대해서 이렇게 말합니다. "나를 챔피언 자리에 오르게 만든 것은 근성입니다. 아무리 난타당해 다리가 풀리고 눈이 부어도 '1 라운드만 더 버티면 된다. 1라운드만 더 싸우면 된다'라고 생각했습니다.

인생이 정말로 힘들 때가 있겠지만, 그럴 때마다 '1라운드만 더 버티면 된다, 1라운드만 더 싸우면 된다'는 생각을 가지십시오. 우리가 이해할 수 없는 큰 환란이나 고난과 시험이 찾아올 때, 마귀가 찾아와서 욥을 시험하듯이, "하나님이 살아 계시다면 내게 어찌 이런 고난이 올 수 있는가? 예수 믿어봤자 소용이 없구나"하는 마음을 갖게 하면서 하나님을 원망하고 불평하기 쉽습니다. 그렇게 되면 내게 다가온 고난과 시험이 저주가 되고 마귀에게 패배하고 마는 것입니다.

하나님의 축복은 고난의 보자기에 싸주신다는 말대로 고난 후에는 반드시 축복이 온다는 원칙을 알고 원망, 불평 대신에 "하나님 감사합니다. 내게 또 무슨 축복을 주시려고 이런 시험을 주셨습니까" 하고 기도해야 합니다. 쓰디쓴 고난의 보자기만 보지 말고, 그 보자기 속에 든 하나님의 은총과 축복을 보는 믿음의 눈이 열려야 합니다. 하나님은 좋으신 우리 아버지가 되십니다. 감당치 못할 시험을 자녀들에게 주시는 법이 없습니다.

모세는 광야에서 40년 동안 목동 생활을 한 다음에, 호렙산 가시나무 불꽃 가운데서 하나님이 나타나셔서, "내 백성을 애굽에서 인도해 내라"고 말씀해 주셨습니다.

요셉은 아버지 야곱의 사랑을 독차지하고 색동옷을 입었지만, 형들에게 미움을 받아 애굽으로 팔려 가서 종의 옷을 입고 고생하다가 또 억울하게 누명을 쓰고 죄수복을 입게 되었습니다. 그런 다음에야 국무총리의 관복을 입고, 자기 민족과 애굽 나라를 구원하고 기근으로 죽어가는 온 세상을 구했습니다.

요셉은 종살이나 감옥생활을 하면서도 사랑의 하나님, 축복의 하나님을 조금도 의심하지 않았습니다. 하나님이 사랑하는 사람일수록 고난의 풀무불 속에 넣어서 연단하십니다. 그러므로 고난 속에서도 축복의 하나님을 바라보아야 합니다.

"자기를 치는 자에게 뺨을 돌려대어 치욕으로 배불릴지어다, 이는 주께서 영원하도록 버리지 아니하실 것임이며, 그가 비록 근심하게 하시나 그의 풍부한 인자하심에 따라 긍휼히 여기실 것임이라, 주께서 인생으로 고생하게 하시며 근심하게 하심은 본심이 아니시로다."(애 3:30-33)

"고난 당한 것이 내게 유익이라 이로 말미암아 내가 주의 율례들을 배우게 되었나이다."(시 119:71)

가나안 국수 '김두만' 대표의 이야기입니다. 전북 익산이 고향인 그는 독실한 신앙인인 어머니의 영향으로 어렸을 때 교회에 나갔습니다. 학창시절 유도를 했던 그는 여러 갈등으로 국가대표의 꿈을 접었습니다. 운동을 그만 둔 후 사업에 뛰어든 그는 돈을 아주 많이 벌게 되었습니다. 어린 나이에 큰돈을 벌게 된 그의 교만은 하늘을 찔렀습니다. 하나님은 저 멀리 잊혀진 존재였습니다.

그러던 어느 날, 원광대학병원에서 검진을 받고 갑상선 암 말기 진단을 받았습니다. 그리고 암세포가 몸의 17개 부분으로 전이되었다는 충격적인 소식을 듣게 됩니다.

36살 때, 서울 아산병원에서 6개월 시한부 사형판정을 받았지만, 그는 죽을때 죽더라도 창피하게 죽지 말자며 하나님께 매달리지 않았습니다. 13시간이나 걸린 수술을 마친 그는 남자답게 죽겠다며 사업과 신변을 정리하는 데만 신경을 썼습니다.

어느 날, 어머니와 아내에게 이끌려 새벽기도에 나간 그는 목사님이 눈물을 뚝뚝 흘리면서 해주시는 안수기도에, '아, 목사님이 날 사랑하는구나'라는 생각이 들면서 갑자기 통곡을 하였습니다. "하나님, 살려주세요 두렵습니다. 저 살고 싶어요. 제발 살려주세요."라며, 목사님을 붙들고 기도하기 시작했습니다. 그날은 병원에 치료 경과에 대한 결과를 들으러 가는 날이었습니다. 의사는 치료 효과가 너무 좋다며 뭐라고 설명할 수는 없지만 몸이 회복되고 있다고 했습니다.

1년 더 치료를 받은 후 의사는 완치 판정을 내렸습니다. 말기암을 고침 받은 이후에 중국에 나가 사업을 하다가 빈손으로 돌아온 그는 "하나님 저 완전 거지가 됐어요. 어떻게 살아야 할까요?"하면서, 행주산성 원조 국수집 동네에서 가나안 국수집을 차렸습니다. 가나안에 들어가기까지 이스라엘 백성들이 광야에서 힘든 시간을 보냈던 것처럼, 3년간 매우 힘든 시간을 보냈습니다. 그런데 우연히 한번 방송에 출연한 후에 매일 300명이 줄을 서는 진풍경이 벌어지게 되었습니다. 하나님의 역사였습니다.

그리스도인에게는 인생에 우연이란 없습니다. 모두가 하나님의 인도하심입니다. 그는 하나님의 인도에 대하여 이렇게 고백했습니다. "돌이켜보면 탕자와 같은 인생을 살았던 것 같습니다. 하나님을 멀리 떠나 방황하던 시간, 그때에도 하나님은 나를 포기하지 않으시고 나를 돌보셨습니다. 나를 끝까지 포기하지 않으셨습니다. 암으로부터 살려주셨고, 큰 교통사고로 뇌를 다쳤을 때도 멀쩡하게 살려 주셨습니다. 덤으로 사는 인생 앞으로 하나님의 영광을 위해 하나님의 이름을 높이는 삶을 살기 위해 오늘도 하나님께 무릎을 꿇습니다."

하나님은 큰 복을 주시기 전에 고난으로 연단시켜서 고난 속에 들어있는 하나님의 은총과 축복을 바라보게 하십니다. 더욱이 예수님 때문에 믿음 때문에 받는 핍박은 크면 클수록 하늘의 상급이 큰 것입니다.

"나로 말미암아 너희를 욕하고 박해하고 거짓으로 너희를 거슬러 모든 악한 말을 할 때에는 너희에게 복이 있나니 기뻐하고 즐거워하라 하늘에서 너희의 상이 큼이라."(마 5:11)

복된 신앙은 기도한 것은 받기 전에 받은 줄로 믿는 신앙입니다. 안 보여도 본 것 같이, 불가능해 보여도 가능하다고 생각하고, 고난 속에 축복이 들어있음을 믿는 신앙이 복된 신앙입니다. 그런 사람이 하나님의 기적과 역사를 체험하고 승리하는 삶을 살게 됩니다.

복된 하루

1837년 6월, 18세의 어린 나이로 영국 여왕이 된 소녀가 있었습니다. 어린 소녀는 자신이 영국 여왕이 됐다는 소식을 듣고, 기록에 의하면 그녀는 가장 먼저 무릎 꿇고 하나님께 기도했다고 합니다. "하나님! 도와주세요. 저는 힘이 없어요." 하나님께서 이 영국을 인도해 주시고 자신을 도와주실 것을 간절히 기도했습니다.

그 어린 소녀가 바로 64년 동안 여왕이 돼서 영국을 해가 지지 않는 나라를 만든 '빅토리아' 여왕입니다. 어느 날, 인도의 한 왕자가 빅토리아 여왕을 접견한 자리에서 질문을 했습니다. "여왕이시여, 영국이 번영하는 비결이 도대체 무엇입니까? 그 능력이 어디서 나오는 것입니까?" 그때 미소를 띤 여왕은 탁자 위에 놓여있던 낡은 성경책을 들고 "이것이 그 비결입니다. 여기서 능력이 나옵니다. 이 속에 모든 것이 다 들어 있습니다"라고 대답했다고 합니다.

"여호와를 경외함이 지혜의 근본이라 그의 계명을 지키는 자는 다 훌륭한 지각을 가진 자이니."(시 111:10)

사람은 누구나 인생을 잘 살고 싶어 합니다. 인생을 마칠 때 한 점 부끄러움도 후회도 없이 잘 살았다고 고백할 수 있다면 얼마나 좋을까요? 그런데 이게 생각처럼 만만치 않습니다. 엄벙덤벙 살다 보면 후회막심으로 인생을 끝마치기 일쑤입니다. 그러면 어떻게 해야 인생을 잘 살 수 있을까요? 그 비결은 의외로 간단합니다. 하루하루를 잘 살면 됩니다. 왜냐하면, 하루는 일생의 축소판이기 때문입니다. 하루하루가 쌓여서 일생이 되는 것입니다.

일본인들이 존경하는 일본의 신학자요 사상가이며 참 교육자이신 '우찌무라 간조' 선생은, 그의 저서 '일일 일생'이란 책에서 이렇게 말했습니다. "하루를 일생으로 알고 살지 않으면 안 됩니다. 훌륭한 하루가 있으므로 훌륭한 일생이 있게 됩니다."

생각해 보면, 우리 일생은 일일 일생이라고 할 수 있습니다. 오늘 하루 나에게 주어진 시간은 인생 전체의 축소판입니다. 우리는 먼 훗날 일생을 마감하며 편한 마음으로 다 이루었다고 고백할 수 있다면, 비록 내일 아침 천국에서 눈을 뜬다 할지라도 기쁨과 감사로 하루를 시작할 수 있을 것입니다.

신앙생활을 할 때 말로만 해서는 아무 힘이 없습니다. 진짜 주님이 주시는 힘과 능력이 있어야 합니다. 예수님의 능력이 내 능력이 되어야 합니다. 예수님의 권세가 내 권세가 되고, 예수님의 지혜가 내 지혜가 되어야 합니다. 이것을 반복하면 실질적으로 능력이 역사함을 느낄 수 있습니다.

그렇다면 어떻게 하루하루를 승리하며 살아갈 수 있습니까? 예수님께서 그 모델을 제시해 주십니다.

예수님의 하루는 기도로 시작한 하루였습니다.

예수님은 하루를 기도로 시작했습니다. 하루를 어떻게 시작하느냐가 중요한데, 예수님은 기도하는 것을 제일 먼저 하셨습니다. 하루하루를 출발할 때 예수님처럼 기도로 출발해야 복된 인생을 살게 됩니다.

"새벽 아직도 밝기 전에 예수께서 일어나 나가 한적한 곳으로 가사 거기서 기도하시더니."(막 1:35)

기도는 일어나면서부터 시작해야 합니다. 피곤해도 힘들어도 자기를 쳐서 일어나야 합니다. 그리고 일어나서 하나님 계시는 한적한 곳, 곧 거룩한 곳으로 가야 합니다. 예수님은 한적한 곳에 가셔서 깊은 기도를 하셨습니다.

기도 시간은 주님과 만나는 시간입니다. 교제하는 시간입니다. 예수님도 기도를 통해 우선 하나님과 교제하는 시간을 가졌습니다. 하나님을 알아가고 깊이 교제하고 하나님의 성품을 배우고 닮아가는 시간을 가져야 합니다.

"너희를 불러 그의 아들 예수 그리스도 우리 주와 더불어 교제하게 하려 하심이라."(고전 1:9)

기도 시간은 주님과 교제하는 시간입니다. 주님의 말씀을 듣는 시간입니다. 하나님이 나에게 무엇을 하라고 하는지 말씀을 듣는 시간입니다.

'A. W. 토저'(Aiden Wilson Tozer, 목회자) – "열심 있는 그리스도인들이 범하기 쉬운 가장 보편적인 과오는 하나님의 일에 너무 바빠서 하나님과의 교제를 게을리하는 일이다."

교회의 찬양대나 교사, 주방 등에서 열심히 활동하고 헌신하는 것은 너무 중요한 일입니다. 그러나 그것 때문에 주님과 교제하는 시간을 놓친다면 어쩌면 가장 중요한 것을 놓치고 있는지도 모릅니다.

'A. W. 토저'(Aiden Wilson Tozer, 목회자) – "이런 사람들 즉 하나님과의 교제를 등한히 여기는 사람들은 조만간 하나님의 일에 대한 의욕을 잃어버리고 시험들 가능성이 많다."

'토저'의 이런 지적은 우리가 반드시 되새겨 볼 필요가 있다고 생각합니다. 예수님은 땅에서 3년이라는 짧은 기간 동안 사역을 하셨지만, 그 사역은 놀라운 결과들을 낳았습니다.

예수님을 만난 사람은 변화되었습니다. 병자들이 예수를 만나면 병이 낫고, 문제 있는 사람들은 그 문제에 대한 해답을 얻었습니다. 기적을 체험하게 되고, 귀신이 떠나가는 일들이 일어났습니다. 예수님의 이런 능력 있는 사역에 비밀이 무엇일까요? 예수님의 능력 있는 사역의 비밀은 한마디로 기도였습니다.

예수님은 밤에 홀로 산에 올라가 기도하시다가 새벽을 맞이하기도 하셨고, 아침 일찍 일어나 기도하러 산에 올라가기도 하셨습니다. 예수님의 이런 기도의 시간은 모든 능력 있는 사역자들에게 모범이 됩니다.

또한 모든 그리스도인들이 승리하는 삶의 비밀이기도 합니다. 우리는 예수님께서 기도하면서 사역하셨고, 무엇보다도 기도에 대한 열망을 가지고 계셨다는 것을 성경을 통해 알 수 있습니다.

'마틴 루터'(Martin Luther, 종교개혁자) – "요즘은 내가 바쁜 일이 너무 많으니 더 기도해야겠다."

대부분 바쁜 일이 생기면 기도하는 일을 소홀히 합니다. 바빠서 기도하지 못하겠다고 말합니다. 그러나 루터는 바빠서 더 기도 해야겠다고 합니다. 우리와 기도에 대한 생각이 다른 것입니다. 루터는 기도가 피곤을 이기고, 용기를 얻고, 바쁜 일상 가운데서 쉼을 누리고, 하나님의 능력을 힘입는 일이라고 생각했습니다. 우리는 기도에 대한 바른 이해를 가지고 기도에 대한 열망을 가져야 합니다.

"주께 힘을 얻고 그 마음에 시온의 대로가 있는 자는 복이 있나이다."(시 84:5)

응답받는 것보다 더 중요한 것이 하나님의 얼굴을 바라보는 것이고, 하나님의 영광으로 들어가는 것입니다. 그곳 안에서 쉼을 누리는 것입니다. 하나님의 도움 없이는 살 수 없습니다. 지금 건강하다고, 지금 돈이 좀 있다고 자랑할 수 없습니다. 그것들은 언제든 사라질 수 있는 것들이고, 우리가 자랑하던 그런 것들 때문에 언제든 괴로움을 당할 수 있기 때문입니다.

서울 모 교회에 목사님이 그 교회 결혼하는 자매들 가운데 얼굴이 비교적 아름다운 자매가 결혼을 하면 결혼 생활이 불행하게 되는 경우가 많아서 왜 그럴까 살펴보았답니다. 이유는 얼굴이 아름다운 자매들이 비교적 결혼을 위해 제대로 기도하지 않았기 때문이라는 것을 알았답니다. 얼굴이 예쁘다

보니 주위에 늘 남자들이 있었고, 결혼에 대한 어려움을 별로 느끼지 못하니까 진지하게 결혼에 대해 기도하지 않는다는 것입니다.

하지만 거울을 아무리 들여다보아도 하나님이 도와주시지 않으면 결혼하기가 쉽지 않을 것 같은 자매들은 결혼을 위해 하나님께 진지하게 기도하게 되고, 그 기도가 그들의 결혼 생활을 행복하게 만든다는 것입니다.

성도는 하나님 없이는 살 수가 없습니다. 하나님을 만나고, 그 안에서 쉼을 얻고 능력을 힘입는 기도의 열정을 가져야 합니다. 기도하는 사람들은 우왕좌왕하지 않습니다. 기도를 통해 하나님의 뜻을 알기 때문입니다. 두려워하거나 조급해하지 않습니다. 다른 사람들에게 끌려 다니지 않습니다. 충동적으로 살지 않습니다. 기도는 우리의 삶을 균형 있게 하고, 하나님의 뜻에 맞추어 살게 하는 것입니다.

"내가 천국 열쇠를 네게 주리니 네가 땅에서 무엇이든지 매면 하늘에서도 매일 것이요 네가 땅에서 무엇이든지 풀면 하늘에서도 풀리리라."(마 16:19)

"진실로 다시 너희에게 이르노니 너희 중의 두 사람이 땅에서 합심하여 무엇이든지 구하면 하늘에 계신 내 아버지께서 그들을 위하여 이루게 하시리라."(마 18:19)

성도들이 기도하는 한 승리할 수 있는 것입니다. 기도를 안해서 그렇지 정말 성도들이 기도하기를 시작하면 무엇이든지 묶을 수도 있고 풀 수도 있다는 것입니다. 우리가 이 땅에서 묶어야 할 것이 얼마나 많습니까?

마귀의 역사를 묶어야 합니다. 우리를 향한 저주와 우환과 질고를 기도로 묶어야 합니다. 이 땅에서 풀어야 할 것이 또한 얼마나 많습니까? 기도로 풀어야 합니다.

미국 펜실베니아주에 죠지 계곡이라는 곳이 있습니다. 거기 무릎 꿇고 기도했던 한 사람을 기리는 동상이 있는데, 바로 '죠지 워싱턴'이라고 합니다. 1812년 영국과 미국이 그곳에서 전쟁을 벌이고 있을 때, 미국군이 패할 위기에 몰리게 되자, 총사령관이었던 죠지 워싱턴은 막사로 들어가서 4시간 동안 생명을 걸고 이 나라를 살려달라고 하나님 앞에 간절히 기도했다는 것입니다. 그리고 결국 미국이 승리할 수 있었습니다.

나중에 죠지 워싱턴이 대통령이 되고 난 후에 당시를 회상하며 말하기를, "내 평생에 가장 절박한 위기가 그때였다. 나는 총을 들고 싸운 것이 아니라 기도로 싸웠는데 하나님이 내게 승리를 주셨다."고 고백했습니다.

기도하지 않고 실패했다고 말하지 마시기 바랍니다. 기도가 멈추지 않는 한 우리는 반드시 승리할 수 있습니다.

기업인 '포에버 21'의 장진숙 집사님이 계십니다. 장진숙 집사님은 전 세계 영향을 끼치는 우먼 파워 39위까지 올랐던 인물입니다. 엘리자베스 여왕도 49위인데 엘리자베스 여왕보다 더 파워가 있는 여성이 된 것입니다. 미국의 1조원 이상의 재산을 가진 여성이 6명밖에 없는데, 거기에 들어가 있는 여성이 장진숙 집사님입니다. 이분은 기도하는 사람입니다. 바쁜 일정에도 새벽기도는 한 번도 빠지지 않았습니다. 미국에 가난하게 들어가서 오늘같이 기도의 사람이었습니다. 그녀는 제일 먼저 새벽기도에 나가서 앞자리에 앉아서 은혜를 사모하고 기도했습니다.

옷을 팔아서 재벌이 되기 쉽겠습니까? 어떻게 이런 일이 일어날 수 있느냐? 자기는 아무 능력이 없는데, "하나님이 함께해 주셨다. 주님이 도와주셨다."고 말합니다.

"여호와께서 내 간구를 들으셨음이여 여호와께서 내 기도를 받으시리로다."(시 6:9)

기도하면 살아 계신 하나님의 손길을 경험하고, 하나님의 능력을, 하나님의 사랑을, 하나님의 기적을 경험하고, 병든 사람은 치료를, 무지한 사람은 하나님의 지혜를 경험하는 것입니다. 사업하는 사람은 하나님의 놀라운 축복을 경험하게 됩니다. 모세가 하나님의 음성을 들으면서 인생이 바뀐 것처럼, 우리도 기도를 통해 하나님의 말씀, 하나님의 음성을 들어야 합니다.

인도에서 평생을 빈민봉사로 헌신하던 한 선교사님이 한번은 미국을 방문해서 CBS 방송에 출현했을 때 TV앵커가 질문을 했습니다. "당신은 하나님께 기도할 때 무엇이라 합니까?" 그때 그 선교사님이 "나는 듣습니다"라고 대답했습니다. 예상 밖의 대답을 들은 앵커는 당황해서 다시 질문을 했습니다. "당신이 듣고 있을 때 하나님은 무엇이라 하십니까?" 선교사는 "그분도 듣지요"라고 말했습니다.

미사여구의 장황한 기도를 하나님이 기뻐하는 것이 아니라 듣는 기도를 기뻐하십니다. 듣는 기도는 마음이 열려있는 기도입니다. 그래서 마음으로 하나님 말씀을 듣는 것입니다. 하나님과 내가 쌍방으로 듣는 기도가 영적인 기도입니다. 기도 시간은 들은 말씀에 대하여 순종하고, 그 말씀대로 능력을 받는 시간입니다. 하나님이 말씀하시면 그것으로 끝나는 것이 아니라, 그 말씀대로 살 수 있도록 힘과 능력을 주십니다. 예수님이 제자들을 두 명씩 짝을 지어 보내면서 권세를 주신 것처럼 기도 시간은 주님으로부터 새 힘과 능력을 공급받은 시간입니다. 주님이 주시는 말씀을 내가 실천할 수 있는 힘을 얻고 생활 속에서 믿는 사람에게 본이 될 수 있도록 힘을 얻어야 합니다.

예수님의 하루는 전도하는 하루였습니다.

애플 컴퓨터의 공동 창업자인 '스티브 잡스'는 회사의 초기 성장이 제자리 걸음을 하고 있어 효율적인 마케팅 전략을 짜기 위해 고민했습니다.

어느 날, 당시 펩시 콜라 CEO였던 '존 스컬리'라는 사람에 대한 이야기를 듣고 그를 자기 회사로 영입하기 위해 찾아갑니다. 스컬리는 38살에 펩시 콜라의 사장이 된 사람으로, 펩시 세대를 공략하는 광고 전략으로 코카콜라를 부동의 제1위 자리에서 추락시킨 장본인이 었습니다.

스컬리는 충분한 명예와 재산을 누리고 있었기에, 이제 새삼스럽게 자리를 옮기는 모험을 할 이유가 없습니다. 스티브 잡스가 스컬리에게 집요하게 설득해도 움직이지 않자, 이제 44살 된 그에게 스티브 잡스는 마지막 승부수를 던집니다. "당신은 설탕물이나 팔면서 나머지 여생을 허비하시겠습니까? 아니면 세상을 바꾸는 일에 자신을 던지시겠습니까?" 결국 이 말이 그를 움직인 것입니다.

"여러분은 인생을 안일하게 적당히 살다가 가시겠습니까? 아니면 세상을 바꾸는 전도사역에 헌신하시겠습니까?"

"이르시되 우리가 다른 가까운 마을들로 가자 거기서도 전도하리니 내가 이를 위하여 왔노라."(막 1:38)

예수님을 믿는 사람은 무슨 일을 하든지 그 일을 통해 예수님을 드러내고 소개하는 삶을 살아야 합니다. 나의 일을 통해 전도를 해야 합니다. 전도하는 것은 우선 사람을 찾아가야 합니다. 예수님은 우리로 하여금 무슨 일을 하든지, 그 일을 통해서 복음을 전하고 예수님을 드러내는 삶을 살기를 원하십니다.

황해도 신천에 장개교회 오명신 집사님에 대한 이야기입니다. 예수 믿고 교회 다닌다는 이유로 남편이 매를 때리고, 여러 번 집에서 쫓겨났습니다. 핍박을 받았고 성경은 찢어 불태워졌습니다. 그래도 오 집사는 남편 구원을 위해 계속 눈물로 기도했습니다.

그러던 어느 날, 남편이 얼큰하게 술에 취해서 집에 와보니 부인은 교회 부흥회에 갔습니다. 아내를 찾으러 교회에 가보니, 깜깜한 예배당에서 사람들이 모두 기도 중이었습니다. 아내를 발견하고 머리채를 잡고 욕을 하면서 밖으로 질질 끌고 나와 두들겨 팼습니다. 아내가 비명을 지르며 피를 흘리며 쓰러진 뒤에 보니 자기 아내가 아니라 면장 아내였습니다. 남편은 겁에 질려서 살려달라고 애원했습니다.

면장 부인은 용서하는 대신 두 가지 조건을 말했습니다. 첫째는 오 집사를 때리지 말 것과, 둘째는 교회 나오면 용서해 주겠다고 했습니다. 그래서 그 다음 주부터 예수 믿고 교회 나와 집사가 됐습니다.

열심히 전도하려고 노력하고 기도하면 성령님이 어떻게 하든 역사하십니다. 전도를 하려면 예수님을 구주로 믿고 신뢰하는 믿음이 있어야 합니다. 내가 예수의 피로 죄 사함을 받았다는 사실을 믿어야 다른 사람에게 복음을 전할 수 있습니다. 내가 확신이 없는데 어떻게 전도합니까? 전도를 하려면 성령의 역사가 있어야 합니다. 성령이 나에게 힘을 주시고 지혜를 주십니다. 전도하는 사람은 영적인 능력을 받고 복을 받습니다. 그러므로 예수님처럼 전도로 하루를 시작함으로 하나님의 기쁨이 되시기 바랍니다.

예수님의 하루는 치유하는 하루였습니다.

"이에 온 갈릴리에 다니시며 그들의 여러 회당에서 전도하시고 또 귀신들을 내쫓으시더라, 한 나병환자가 예수께 와서 꿇어 엎드려 간구하여 이르되 원하시면 저를 깨끗하게 하실 수 있나이다, 예수께서 불쌍히 여기사 손을 내밀어 그에게 대시며 이르시되 내가 원하노니 깨끗함을 받으라 하시니, 곧 나병이 그 사람에게서 떠나가고 깨끗하여진지라."(막 1:39-42)

문둥병자 한 사람이 예수님께 나오니 예수님이 그 병을 고쳐 주셔서 깨끗하게 되었습니다. 예수님은 우리가 치유 받기를 원하십니다. 우리의 모든 상처와 아픔을 다 해결해 주시기를 원하십니다.

예수님은 천대를 받으시고 갖은 모함과 모욕을 당하셨습니다. 그리고 결국은 십자가에서 몸이 찢겨서 돌아가셨습니다. 그 모든 것을 경험한 예수님은 우리의 질병과 아픔을 잘 아십니다. 그래서 주님 앞에 나가서 나의 억울함과 속상함을 다 주님께 내어놓으면 주님께서 위로해 주시고 치유해 주시는 역사가 일어납니다.

"그가 채찍에 맞으므로 우리는 나음을 받았도다."(사 53:5)

영화 벤허를 보셨습니까? 벤허의 마지막 부분에 보면 예수님이 십자가에서 죽으심을 맞이하는 순간 벤허의 어머니와 누이가 문둥병을 치유받은 인상적인 장면이 나옵니다. 바로 예수 그리스도의 십자가의 능력이 모든 치유의 근원입니다.

일본의 유명한 암 전문의 '구로가와 토시오'박사의 이야기입니다. 그는 강의할 때나 회진할 때나 심지어 길을 걸을 때에도 항상 주머니에 손을 넣고 다녔습니다. 겨울철에는 주머니에 따뜻한 물주머니를 넣고 손으로 만지작거리기도 했습니다.

이를 이상히 여긴 학생이 물었습니다. "박사님! 박사님은 어째서 항상 주머니에 손을 넣고 다니십니까?" 그러자 그는 빙그레 웃으며 대답했습니다. "나의 환자는 거의 암 환자이죠. 의사는 손이 따뜻해야 정확한 진단을 할 수 있습니다. 물론 손이 차다고 진단을 못하는 건 아니지만, 따뜻한 손으로 만져주면 환자의 마음이 따뜻해지고 환자는 병을 이겨내리라는 희망을 불태우게 되죠."

이런 이야기처럼 험한 세상을 살다 보면 우리 인생에 정말 위로가 필요합니다. 그런데 인간의 위로에는 한계가 있습니다. 때로는 가족조차 진정한 위로가 되지 못할 때도 있습니다. 그러나 예수님은 우리에게 다가오셔서 사랑의 손으로 참된 위로를 해주십니다. 마음의 상처를 싸매 주시고 뺨에 흐르는 눈물을 닦아 주십니다. 그 위로의 힘으로 우리는 좌절했다가도 또다시 삶의 용기를 얻게 됩니다.

장차 하늘나라에 들어가면, 그 사랑의 손으로 우리 얼굴에서 모든 눈물을 완전하게 닦아 주실 것입니다. 이 사랑의 손길을 날마다 느끼며 살아가시기를 바랍니다.

'진 케일'이라는 의사는 항상 "수술은 사람이 하되 하나님이 고치신다"고 외치며 신앙으로 살고 책도 쓴 유명한 분입니다. 그는 예수 믿는 가정에서 태어났지만, 대학 때 예수를 안 믿고 의사가 되어서 가끔 교회를 구경삼아 나갔습니다. 나중에 유명한 의사가 되었고 돈도 많이 벌었습니다. 그러던 어느 날, 가장 사랑하는 어머니가 교통사고를 당했습니다. 모든 의사들이 휴가 중이라 부득이 어머니를 직접 수술하게 됐습니다. 그는 당황했습니다. 집도 전 떨리는 마음으로 하나님께 간절히 기도했습니다. "하나님, 어머니를 살려 주세요. 저는 힘이 없습니다." 그는 눈물로 기도했고, 수술해서 좋은 결과를 보았습니다. 그 후 그는 "수술은 내가 하되 고치시는 분은 하나님이시다"라고 고백했습니다.

한 젊은 부인이 갑자기 남편이 일찍 세상을 떠났습니다. 순장이 찾아가고 목사님이 찾아가서 예배를 드려도 말씀을 전해도 위로가 되지 않았습니다. 그런데 교회의 어느 나이 많은 권사님이 찾아가서 아무 말도 하지 않고 기도를 한 후 손을 꼭 잡아 주었더니, 부인이 눈물을 흘리면서 큰 위로를 받았습니다.

그 권사님도 똑같은 나이에 남편을 잃고 살았기 때문에, 아픈 상처를 가지고 하나님께 가지고 나갔더니, 주님께서 그 상처를 어루만져 주시고 위로하여 주심을 경험할 수 있었던 것입니다. 그가 겪고 있는 아픔을 먼저 경험했기에 진심이 담긴 위로와 사랑이 전달된 것입니다.

내가 치유를 받으면 나도 다른 사람의 아픔을 치유할 수 있습니다.

우리에게는 가장 큰 권능의 손인 예수님의 손이 있습니다. 부디 예수님의 권능의 손을 날마다 체험하심으로 질병에서 치유받고 문제도 해결 받고 항상 승리하시기 바랍니다.

복된 감사

어느 큰 회사 사장님이 25년 동안 사업을 하면서 많은 사람에게 베푸는 일을 했는데, 감사를 표하는 사람은 눈 씻고 찾아보려고 해도 없다며 넋두리를 했습니다. 인사를 받고 싶은 마음으로 한 구제는 아니었지만, 인간적으로 서운한 마음이 들더랍니다.

최근에 명절에도 100여 명에게 좋은 선물을 보냈는데, 감사 인사를 한 사람은 7명뿐이고, 그것도 3명은 길을 가다가 우연히 마주친 사람들이고, 4명은 조그만 카드에 몇 마디 적어 보낸 것이 전부라는 것입니다.

성경은 은혜를 잊지 말고 기억하라는 말씀이 참 많습니다. 그것은 3대 절기에도 잘 나타나 있습니다. 3대 절기는 봄에

유월절이 있는데, 누룩 없는 무교병을 먹는다고 해서 무교절이라고도 하고, 애굽에서 종살이하던 이스라엘 사람들이 문설주에 양의 피를 발라 종살이에서 해방되어 나온 그 은혜를 잊지 말고 대대로 전하라는 것입니다.

두 번째는 여름에 지키는 맥추 감사절인데, 칠칠절이라고도 하고 오순절이라고도 합니다. 밀이나 보리를 거두어들이고, 그 첫 열매를 하나님께 드리며 감사를 잊지 않고 지키는 절기입니다.

세 번째는 가을에 있는 수장절로 초막절이라고도 하는 절기입니다. 이것은 가을에 곡식을 다 거두어들이고 지키는 절기로서, 광야 40년 동안 천막을 치고 생활하면서 그 고난 중에도 만나를 내려 먹여 주시고 반석에서 샘물이 나게도 하시고, 메추라기 떼를 몰아다 먹여 주시고, 앞에는 홍해 바다가 가로막고 뒤에는 애굽의 군사가 추격해 올 때, 하나님의 기적으로 바다가 갈라져 육지같이 건너고, 애굽의 군사들은 바다에 수장된 것을 기억하며 감사하는 절기입니다.

"옛날을 기억하라 역대의 연대를 생각하라 네 아버지에게

물으라 그가 네게 설명할 것이요 네 어른들에게 물으라 그들이 네게 말하리로다."(신 32:7)

은혜를 잊지 않고 기억하며 감사할 줄 아는 사람이 참된 믿음의 사람이요, 복된 감사의 사람입니다.

오늘날 감사절은 신앙의 핍박과 탄압을 피해 1620년 102명(남78, 여24)의 청교도들이 메이플라워호를 타고 신앙의 자유를 찾아 신대륙 플리머스에 도착해서 절반 가까운 사람들이 굶어 죽고 얼어 죽었지만, 인디언들의 도움으로 농사를 지어서 첫 열매를 하나님께 드리면서 감사의 예배를 드린 것이 기원입니다.

조지 워싱턴 미국 대통령은 추수감사절을 선언하면서 이렇게 말했습니다.

"전능하신 하나님의 섭리를 인식하고 그 뜻을 순종하며 그 은혜에 감사하는 것이 우리 국민의 절대적인 의무입니다. 나는 상하 의원의 요청에 따라 미국 국민에게 이날을 감사 기도의 날로 공포합니다."

1863년 미국 16대 대통령 링컨은 남북 전쟁이 끝난 후에 11월 마지막 목요일을 추수감사절로 정하여 4일간 공휴일로 제정하면서 말했습니다.

"우리 미국 국민들은 우리의 위대한 조상들이 어려운 가운데서 쟁취한 감사의 정신을 결코 잊어서는 안 되며, 우리의 후손들에게 잘 전하여 결코 포기함이 없어야 한다."

하나님께 감사하기 위하여 감사절을 국경일로 정하고 4일간이나 공휴일로 정한 나라는 미국밖에 없습니다. 하나님은 감사할 줄 아는 나라를 축복하시고 세계에서 가장 부강한 나라가 되게 하셨습니다.

감사하지 않는 사람은 어떻게 됩니까?

첫째, 복을 받지 못합니다.

"불평하지 말라 오히려 악을 만들 뿐이라."(시 37:8)

개인이나 가정, 국가든지 감사하지 않는 사람은 복을 받지 못합니다. 감사하지 않는 것은 하나님의 은혜와 축복을 중단시키는 행위입니다. 우리가 인생 광야를 지나가는 동안 어두운 먹장구름이 우리 앞을 가로막을 때가 있습니다. 그런 때 우리는 고개를 들고 하늘을 보아야 합니다. 그리고 감사할 것을 찾아야 합니다. 그럴 때 물고기 두 마리와 보리떡 다섯 개로 오천 명을 먹이고도 열두 광주리가 남는 축복의 역사가 일어납니다.

그래서 아무것도 없을지라도 우리가 분명히 알아야 할 것은 하나님이 우리와 함께 계신다는 것입니다. 이 땅에 모든 것이 없어져도 우리에게는 분명히 천지를 창조하신 하나님이 계십니다. 아무것도 없음에도 불구하고 구원의 하나님으로 인해 감사하는 것입니다. 신앙은 주어진 환경이 어떠하든 감사하는 것입니다. 그럴 때만이 진정한 감사의 삶을 살 수가 있습니다. 감사하는 사람은 점점 더 풍성한 삶을 살지만 원망, 불평하는 사람은 점점 없어지고 빼앗겨서 결국은 가난하고 불행하게 살게 됩니다.

둘째, 감사하지 않는 것은 죄입니다.

"하나님을 알되 하나님을 영화롭게도 아니하며 감사하지도 아니하고."(롬 1:21)

셋째, 하나님과 사람들을 불쾌하고 기분 나쁘게 합니다.

"무례히 행하지 아니하며."(고전 13:5)

감사해야 할 때 감사하지 않을 때 하나님도 사람도 괘씸히 여깁니다. 열명의 나병환자를 다 고쳐 주셨는데 겨우 한 명만 돌아와서 엎드려 절하며 감사할 때, 예수님은 "열 명을 고쳐 주었는데 어찌 너 한 사람만 돌아와 감사하고 하나님께 영광 돌리느냐"라고 하신 말씀 중에는 섭섭한 마음을 느낄 수 있습니다.

감사할 줄 모르는 사람은 하나님께도 사람에게도 인정을 받지 못합니다. 또 남의 기쁨과 행복을 약탈하는 행위입니다. 감사하는 사람은 아름다운 향수와 같고 꽃과 같습니다. 꽃과 향수는 자신뿐만 아니라 다른 사람을 즐겁게 하고 행복하게 하는 것같이, 감사하는 사람을 가까이하면 감사하는 사람이 됩니다. 그러나 원망하고 불평하는 사람을 가까이하면 나쁜 냄새가 자기에게 풍겨서 몸에 배게 됩니다. 그러므로 우리의 삶은 은혜를 받아서 감사하는 사람을 가까이해야 나도 잘되고 남도 잘되는 것입니다.

넷째, 감사하지 않는 사람은 교만한 사람입니다.

이런 사람은 모든 일이 잘되고 잘 사는 것은 다 자기가 잘나서 그렇게 된 줄 아는 교만한 사람입니다.

"네가 먹어서 배부르고 아름다운 집을 짓고 거주하게 되며, 또 네 소와 양이 번성하며 네 은금이 증식되며 네 소유가 다 풍부하게 될 때에, 네 마음이 교만하여 네 하나님 여호와를 잊어버릴까 염려하노라."(신 8:12-14)

"네가 마음에 이르기를 내 능력과 내 손의 힘으로 내가 이 재물을 얻었다 말할 것이라."(신 8:17)

성공하고 부요해지면 다 자기가 잘나서 그런 것처럼 교만해지기 쉽습니다. 교만은 마귀의 역사이고 감사할 줄 모르면 복을 못 받습니다.

'세익스피어'(William Shakespeare, 극작가) - "감사하지 않는 것은 거짓말보다 술 취하는 것보다 어떤 부패한 부도덕보다 하나님은 더 미워한다."

그러므로 배은망덕한 사람이 되지 말고, 어떤 환경과 상황 속에서도 감사가 넘치므로 복된 성도들이 다 되시기를 바랍니다.

감사하는 사람은 어떻게 됩니까?

첫째, 하나님은 감사할 줄 아는 사람에게 더 큰 복을 주십니다.

'스펄전'(Charles Haddon Spurgeon, 목회자) - "캄캄한 밤하늘에도 자세히 보면 별빛이 보일 것이다. 별빛을 보고 감사하는 자에게 달빛을 주시고 달빛을 보고 감사하는 자에게 햇빛을 주시고 햇빛을 보고 감사하는 자에게 달빛도 햇빛도 필요 없는 영원한 천국의 빛을 주신다."

감사할 줄 아는 사람에게 점점 더 큰 은혜와 축복을 주십니다. 입술로 감사하고 찬송과 기도로 감사하고 물질로 감사하는 사람에게 점점 더 큰 은혜와 축복을 주십니다. 그래서 감사는 은혜의 통로이고 축복과 기적 그리고 행복의 통로입니다.

감사는 별것 아닌 것 같지만 마치 새의 날개와 같아서 날개가 없으면 날아갈 수 없듯이, 성도의 삶에 감사가 없으면 그 안에서 믿음이 자랄 수 없습니다. 감사가 없는 심령 속에는 성령도 역사할 수 없고, 하나님의 은혜도 축복도 머물러 있을 수 없습니다.

감사하는 사람은 봄에는 꽃이 피어서 감사하고, 여름에는 잎이 무성해서 감사하고, 가을에는 열매가 있어서 감사하고, 겨울에는 뿌리가 남아 있어서 감사합니다. 바람이 불면 바람이 불어서 감사하고, 비가 오면 비가 와서 감사하고, 눈이 오면 눈이 와서 감사합니다. 모든 것을 은혜로 알고 감사하고 또 감사합니다. 우리는 날마다 하루하루 하나님께 감사하는 사람이 되어야 합니다.

둘째, 감사하는 사람은 하나님께 영광 돌리는 삶을 삽니다.

하나님이 인간을 창조하신 목적은 우리 인간을 통하여 영광 받는 것입니다. 하나님이 독생자를 보내사 십자가에 달려 피흘려 죽으시고 부활하게 하사, 누구든지 그를 믿기만 하면 값없이 죄사함을 받고 구원받아 천국에 들어가게 하심은 천국에서 영원히 찬송과 영광을 받기 위함입니다. 우리가 우리의 행위로 구원을 받는다면 천국에서 하나님께 감사하고 영광을 돌릴 이유가 없습니다.

"감사로 제사를 드리는 자가 나를 영화롭게 하나니 그의 행위를 옳게 하는 자에게 내가 하나님의 구원을 보이리라."(시 50:23)

예수님께서 열명의 나병환자를 고쳐 주셨을 때, 겨우 한 명만 와서 엎드려 절할 때 "이 이방인 외에는 하나님께 영광을 돌리러 돌아온 자가 없느냐"(눅17:18)라고 하시지 않으셨습니까? 찬양으로 기도로 물질로 감사할 때 하나님은 기뻐하시며 영광을 받으십니다.

'키에르 케고르'(Søren Aabye Kierkegaard, 덴마크 철학자) – "내가 천국을 갈망하는 것은 하나님의 은혜와 축복에 대해서 감사하기 위함이다."

　전신마비 미식축구 영웅 '스콧 브룸필드'(Scott Bloomfield)의 간증입니다. 미식축구 선수로 이름을 날렸던 분입니다. 한때 관중을 매료시키는 천재적인 선수로 불렸습니다. 그에게 어느 날 불행이 닥쳤습니다. 3쿼터 경기 1분 7초를 남기고 그는 상대팀 선수와 부딪쳐 넘어지면서 목뼈가 부러졌습니다. 전신마비로 대학병원에서 수술을 받았습니다. 담당 의사는 "당신은 다시는 걷지 못할 것입니다"라고 선고했습니다. 정말 믿기지 않는 일이 일어났습니다. 풋볼선수로 인생의 성공이 보장되어 있었는데, 한순간에 그의 인생은 뒤틀려 버렸습니다.

　중환자실에 누워 있던 그에게 가족 외에 면회가 허락되지 않았습니다. 수술 후 이틀째였는데, 중환자실에 30대 후반의 불청객이 나타났습니다. 그는 제지하는 아내에게 애원하듯 말했습니다. 자신의 아들이 브룸필드 선수를 가장 존경한다며 사랑하는 아들의 영원한 스타를 위해 기도하고 싶다고 했습니다. 그래서 결국 면회를 허락받았습니다. 그는 휠체어에 한 아이를 태우고 나타났습니다. 여덟 살이 된 소년은 백혈병을 앓고 있었고, 브룸필드의 손을 잡고 울먹이며 기도했습니다.

"나의 스타 브룸필드씨, 힘을 내세요. 하나님이 당신을 도와주실 거예요. 저는 3개월밖에 살 수 없어요. 하지만 저는 기도해요. 저와 함께 기도하세요." 소년은 병이 나으면 브룸필드와 같은 풋볼선수가 되는 것이 꿈이라고 말했습니다.

갑자기 브룸필드의 눈에서 눈물이 솟구쳤습니다. 교만했던 삶, 감사를 몰랐던 무례한 인생, 액세서리처럼 치장됐던 신앙, 갑자기 회개기도가 터졌습니다. 그는 소년에게 약속했습니다. "내년에 신시내티로 돌아가 선수로 다시 뛸 것이다. 그때까지 건강 하거라, 그때는 반드시 네가 응원을 와야 한다." 그는 기적처럼 정상으로 돌아왔고 소년도 치료가 되었습니다.

그는 신시내티로 돌아와 선수로 복귀했고, 백혈병 소년의 응원이 이어졌습니다. 그는 말합니다. "하나님의 은혜 감사를 드립니다. 저는 여생을 어린이를 돕는 일에 헌신할 것입니다. 질병으로 고통받는 어린이, 풋볼을 사랑하는 어린이들에게 복음과 꿈과 희망을 선물할 것입니다. 그리고 하나님이 내게 행하신 사랑과 치유를 증거 할 것입니다. 하나님께 모든 영광을 돌립니다."

"내가 전심으로 여호와께 감사하오며 주의 모든 기이한 일들을 전하리이다."(시 9:1)

셋째, 감사하는 사람은 하나님도 사람도 기쁘게 합니다.

저희 교회에서 사역했던 목사님, 전도사님들이 많이 있는데 그중에 특별히 몇 분이 명절 때만 되면 정성 어린 선물을 가지고 찾아와서 "목사님 때문에 은혜받고 성령 받고 많은 것을 배워서 목회를 잘하고 있습니다"라고 감사 인사를 꼭 합니다. 한두 번 하다 말겠지 했는데, 매년 계속하는 것을 볼 때 너무 감사하고 마음이 얼마나 기쁜지 모릅니다.

어떤 분은 여전도사님으로 사역하다 지금은 사모님이 되어서 매해 5월 스승의 주일이 되면 아름다운 꽃과 감사 카드를 보내오는데, 늘 축복하게 되고 마음이 흐뭇합니다. 연수동에서 목회를 하는데, 목회도 잘해서 교회도 크게 부흥했습니다. 그러나 어렵고 힘들 때 기도로 도와주고 물질로 도와주어도 감사할 줄 모르고 당연한 것으로 생각하는 사람은 무엇을 하든지 안 됩니다. 감사할 줄 모르는 사람은 남의 행복과 기쁨을 약탈해 가는 사람이나 마찬가지입니다.

넷째, 감사하는 사람은 인생을 행복하게 삽니다.

우리는 모든 것을 감사로 해석하는 신앙이 되어야 합니다. 하나님의 은혜를 받고 뒤돌아보니, 지난날 당했던 고난도 시련, 실패, 가난, 질병 모두가 다 유익하게 바뀌더라는 것입니다. 우리가 살아가는 삶이 다 감사로 해석할 때 복된 감사의 인생이 됩니다.

"하나님께서 지으신 모든 것이 선하매 감사함으로 받으면 버릴 것이 없나니."(딤전 4:4)

지금 누리고 있는 나의 행복을 나의 것으로 여기지 않고 전적으로 하나님께서 베풀어 주신 은혜로 여기는 귀한 마음을 가져야 합니다. 하나님은 작은 것을 가지고도 감사할 줄 아는 사람에게 큰 것도 주십니다. 감사를 드리면 더 큰 감사의 제목을 주시는 하나님이십니다. 감사하는 사람은 흑자 인생을 살지만, 감사할 줄 모르는 사람은 적자 인생을 삽니다. 하나님은 감사하는 사람에게 크게 역사 하시고 축복을 베풀어 주십니다.

"행복은 언제나 감사의 문으로 들어오지만 불평의 문으로 나간다."(서양속담)

'마틴 루터'(Martin Luther, 종교개혁자) – "마귀의 세계는 원망, 불평만 있고 감사가 없다."

원망, 불평은 지옥 생활의 표현이고 감사는 천국 생활의 표현입니다. 지금 가정에 감사가 넘칩니까? 원망 불평이 많습니까? 그것을 보면 그 가정이 천국 같은 가정인지, 지옥 같은 가정인지 알 수가 있습니다. 부부간에도 "여보 감사해요" 하며 칭찬하면 행복이 넘치는 가정이 됩니다. 감사가 넘치면 보나 마나 성령 충만한 가정이요, 불평이 많으면 사탄이 역사하는 가정일 것입니다. 감사할 수 없는 상황에서도 불평하지 않고 감사하면 정말 하나님이 복을 안 주실 수 없는 기적이 일어납니다.

감사하는 복된 마음은 샘물과 같습니다. 감사하는 복된 마음이 한방울 한방울 떨어져 모여질 때, 우리의 삶을 끊임없이 솟아나는 풍성한 샘물이 되게 합니다. 감사하면 기쁨이 있습니다. 마음이 기쁜 사람은 몸까지 활기차게 됩니다. 마음이 어두운 사람은 몸까지 둔해집니다.

몸에 활력이 넘치면 생활에 활력이 생깁니다. 감사하는 복된 마음은 우리의 삶을 윤택하게 만들어 줍니다. 놀랍게도 우리가 감사를 기억하는 순간 그 속에 임재하시는 하나님의 손길을 느낄 수 있습니다. 주신 은혜를 기억하고 감사하면 그 안에서 하나님을 만날 수 있습니다. 믿음으로 하나님을 기억하고 감사하는 사람에게 하나님은 언제나 임마누엘로 함께 하십니다.

욥은 큰 재난을 당해서 재산이 다 없어지고, 무서운 태풍이 불어서 집이 무너지면서 열 남매가 죽었는데도 "내가 빈손으로 왔으니 빈 손으로 돌아간다"고 하며 하나님을 원망하지 않았더니, 결국에는 갑절의 축복을 받았습니다.

"비록 무화과나무가 무성하지 못하며 포도나무에 열매가 없으며 감람나무에 소출이 없으며 밭에 먹을 것이 없으며 우리에 양이 없으며 외양간에 소가 없을지라도, 나는 여호와로 말미암아 즐거워하며 나의 구원의 하나님으로 말미암아 기뻐하리로다, 주 여호와는 나의 힘이시라 나의 발을 사슴과 같게 하사 나를 나의 높은 곳으로 다니게 하시리로다 이 노래는 지휘하는 사람을 위하여 내 수금에 맞춘 것이니라."(합 3:17-19)

유명한 베토벤 교향곡 5번을 사람들은 '운명'이라고 부릅니다. 베토벤 교향곡 5번 1악장으로 연주할 때 음악 용어로 '알레그로 콘 브리오'라고 합니다. 이는 '알레그로'(좀 빠르게)와 '콘브리오'(생기있고 기운차게)의 합성어입니다. 이것 때문에 베토벤 교향곡 5번 운명이 유명해졌는데, '콘 브리오' 즉, '생기있고 기운차게'라는 이 단어가 너무 마음에 와 닿았습니다.

언제 그렇게 생기있고 기운찼을까요? 감사에 대해서 '콘 브리오', 생기있고 기운찼는가를 돌아봐야 합니다. 우리 인생을 교향곡 1악장부터 다시 출발한다면 어떻게 해야 할까요? '콘 브리오' 생기있고 기운차게 감사로 생기있고 기운차야 아름다운 인생의 결과가 나오는 것입니다. 우리 인생의 가장 좋은 결과를 위한 가장 좋은 원인은 감사입니다. 주님께서 우리에게 주신 말씀인 것입니다. 그런데 그것을 그냥이 아니라 '콘 브리오' 생기있고 기운차게 감사해야 합니다.

우리가 살아가는 인생은 녹록지 않습니다. 코로나19 때문에 참 힘든 시간을 보냈습니다. 코로나 블루라는 말도 생기고 블루를 지나서 코로나 블랙이란 말도 생길 정도로 참 힘이 들었습니다. 그러나 우리는 다시 1악장을 시작해야 합니다. '콘 브리오', 감사로 '생기있고 기운차게', 감사가 살아나면 인생이 복된 인생이 될 것입니다.

"범사에 감사하라 이것이 그리스도 예수 안에서 너희를 향하신 하나님의 뜻이니라."(살전 5:18)

기적적으로 암을 치유받았다는 분의 간증이 있습니다. 하루는 몸이 불편해서 병원에 가서 진찰을 받았습니다. 그런데 놀랍게도 위암 말기 판정을 받았습니다. 의사 소견으로는 이제 병원 치료는 무의미하니까 죽음을 준비하라는 말을 듣고 보니 앞이 캄캄했습니다.

그래서 하나님께 원망을 털어놓았습니다. "하나님 저는 나름대로 믿음으로 살려고 애써왔습니다. 주일 한번 어겨본 일이 없고, 교회 봉사라면 누구보다 앞장섰습니다. 그런데 왜 제가 위암에 걸려 이렇게 일찍 죽어야 합니까?"

어느 날, 성령의 감동으로 언젠가 들었던 담임목사님 설교 한 부분이 생각이 났습니다. "하나님께서는 감사로 드리는 기도를 우선적으로 들으십니다. 그러므로 응답받는 기도를 드리려면 기도는 감사로 시작해야 합니다." 그래서 이제 원망을 멈추고 억지로라도 감사하기 시작했습니다. "하나님 아무리 생각해도 감사할 일이 없지만 좌우지 간 감사합니다. 아니, 딱 하나 감사할 것은 감사하려고 몸부림치게 해 주신 것 감사합니다."

놀랍게도 성령의 감동으로 감사의 문이 열리기 시작했습니다. 감사 할 것들이 하나둘씩 생각나기 시작한 것입니다. 죄 용서 받은 것, 복 된 가정을 이루게 하신 것, 착한 자녀 주신 것, 여기까지 순탄하게 살 아왔던 것, 좋은 교회 만나 신앙생활 할 수 있었던 것 등등. 그러면서 마음이 뜨거워지기 시작했고, 더 뜨겁게 기도할 수 있게 됐습니다. 그 렇게 감사로 기도가 깊어지던 어느 날, 온몸과 마음이 불덩어리처럼 뜨거워지더니 병이 나았다는 것입니다.

이렇게 감사로 고침을 받은 분의 고백입니다. "감사는 놀라운 힘 이 있습니다. 감사가 암을 고쳤습니다. 감사가 내 인생을 새롭게 바 꾸어 놓았습니다."

감사는 보이지 않는 힘입니다. 그래서 우리 주위의 모든 것을 끌어오는 자석과 같습니다. 모래 속에 자석을 넣고 흔 들면 모래 속에 숨겨져 있는 많은 철이 그 자석 가운데 붙습 니다. 마찬가지로 우리의 삶 가운데 감사를 표현하기 시작 하면 눈에 보이지 않았던 은혜들이 우리의 삶 가운데 드러나기 시작합니다. 그래서 어떤 분은 "감사는 하나님의 축복을 담는 그릇"이라고 하였습니다. 복된 감사의 인생이 되시기를 바랍니다.

감사는 힘이 있습니다. 감사는 우리 인생을 변화시키고 복되고 풍성하게 하는 능력이 있습니다. 감사할 때 하나님께서 일하십니다. 가장 복된 신앙은 감사하는 신앙입니다. 하루하루 감사하며 삽시다. 복된 감사의 사람들이 다 되시므로 정말 복된 인생을 살아가시기를 바랍니다.

복된 교회

미국은 광활한 대지와 끝없는 숲으로 우거져 있는 곳이 많습니다. 1960년 미국에 큰 가뭄이 들어서 많은 동식물들이 말라 죽었는데, 차마 눈뜨고 볼 수가 없었다고 합니다. 새들은 목이 말라 울지도 못하고 나뭇가지에서 떨어져 죽고 소 떼, 양 떼 할 것 없이 들짐승들이 여기저기서 처참하게 목이 말라 죽어갔습니다. 수분이 없으면 동물이나 식물, 사람도 살 수 없습니다. 이와같이 주님의 교회도 수분이 있어야 생명이 살고 독초와 같은 이단들이 극성을 부리는 마지막 때에 교회가 바른 교회가 되고 바르게 성장합니다.

교회가 살고 바르게 성장하는 데 없어서는 안 될 수분이 필요합니다. 그중에 한 가지라도 부족하면 절대로 교회는 성장할 수 없고, 영혼이 살 수 없고, 부흥할 수 없습니다. 그래서 복된 교회는 반드시 다섯 가지의 수분이 있어야 합니다. 그 다섯 가지의 수분이 무엇입니까?

생명을 살리는 보혈의 피가 있는 교회가 복된 교회입니다.

"이는 물과 피로 임하신 이시니 곧 예수 그리스도시라."(요일 5:6)

교회는 십자가의 보혈이 강단에서 흘러넘쳐야 죽었던 영혼들이 소생하고 살아납니다. 제가 거듭나고 복음의 능력을 깨닫게 된 것은 제 영적 아버지이신 故 최준호 목사님의 보혈 설교를 듣고 영적인 큰 충격을 받고 이 보혈의 피의 의미와 중요성을 깨닫고 저는 보혈의 피 십자가 예수 이름을 증거하는 부흥사요, 목회자가 되었습니다. 그리고 이 복음을 증거할 때마다 주님의 능력이 강력하게 역사하는 것을 수없이 체험했습니다.

신앙생활을 하면서 가장 중요한 진리중에 하나가 "피 흘림이 없이는 죄 사함도 없고 구원도 없다"는 중요한 진리를 깨닫는 것입니다. 제 영적 아버지이신 故 최준호 목사님은 끊임없이 예수의 피를 증거 하셨는데, 그때는 하도 많이 하시니까 좀 지겹기도 했지만, 지금 목회를 하면서 보니까 이 말씀보다 더 중요한 것은 없다는 것을 깨닫게 됩니다.

"육체의 생명은 피에 있음이라 내가 이 피를 너희에게 주어 제단에 뿌려 너희의 생명을 위하여 속죄하게 하였나니 생명이 피에 있으므로 피가 죄를 속하느니라."(레 17:11)

피는 곧 생명이기 때문에 피뿌림이 있어야 죄사함을 얻고 구원을 받을 수 있다는 말씀입니다.

"율법을 따라 거의 모든 물건이 피로써 정결하게 되나니 피흘림이 없은즉 사함이 없느니라."(히 9:22)

죄의 값은 사망인데 죄 없는 인간은 이 땅에 한 사람도 없습니다. 죄를 씻는 방법은 하나밖에 없습니다. 도덕이나 윤리, 선행이 아니고 금은보화가 아니라 오직 예수의 피 밖에 없습니다.

성경 전체에서 '피'라는 단어가 약 700번 이상 나옵니다.

성경에는 예수 그리스도의 보혈의 강이 흐르고 있습니다. 진리를 깨닫지 못하고 복음을 전한다면 그 목회자는 평생 복음을 전해도 능력도 나타나지 않고 헛된 복음을 전하는 것입니다. 성도나 목회자나 이 진리를 깨닫고 신앙생활 해야 되고, 교회에 나와야 합니다.

"이는 물과 피로 임하신 이시니 곧 예수 그리스도시라."(요일 5:6)

'찰스 스펄전'(Charles Haddon Spurgeon) – "피는 죄의 형벌을 제하고 물은 죄의 더러움을 제한다."

"증언하는 이가 셋이니 성령과 물과 피라 또한 이 셋은 합하여 하나이니라."(요일 5:7-8)

이 피는 죄를 구속하는 피입니다. 구속(redemption)이란 말은 "값을 지불하고 다시 사온다"는 뜻입니다. 예수님께서 십자가에서 돌아가실 때 "다 이루었다"고 하셨는데, 헬라어 '테 텔레스타이(Te Telestai)'는 "값을 다 지불했다"는 뜻입니다.

우리 인류의 모든 죗값을 다 지불했다는 뜻입니다. 오직 예수님의 피 공로로 구원을 받는 것이지 다른 길은 없습니다. 그 피는 우리의 죄를 대신하여 흘리신 피입니다. 우리가 심판받고 형벌을 받아야 하는데 예수님이 우리 대신 고난을 당하시고 죗값을 치루어 주셨다는 것입니다.

"그가 찔림은 우리의 허물 때문이요 그가 상함은 우리의 죄악 때문이라 그가 징계를 받으므로 우리는 평화를 누리고 그가 채찍에 맞으므로 우리는 나음을 받았도다."(사 53:5)

예수님의 보혈의 피가 아니면 그 어떤 선행이나 도덕으로도, 윤리로 구원받을 수 없습니다. 이 피는 우리의 죄를 용서하는 피입니다.

"염소와 황소의 피와 및 암송아지의 재를 부정한 자에게 뿌려 그 육체를 정결하게 하여 거룩하게 하거든, 하물며 영원하신 성령으로 말미암아 흠 없는 자기를 하나님께 드린 그리스도의 피가 어찌 너희 양심을 죽은 행실에서 깨끗하게 하고 살아 계신 하나님을 섬기게 하지 못하겠느냐."(히 9:13-14)

예수 그리스도의 십자가의 피 밖에는 우리의 죄를 용서받는 방법이 없습니다. 이 피는 우리를 의롭다함을 얻게 하는 피입니다. 예수님의 피는 우리 죄를 용서하시고 끝나는 것이 아니라 우리를 의인으로 만들어 주시는 것이다.

"그러면 이제 우리가 그의 피로 말미암아 의롭다 하심을 받았으니 더욱 그로 말미암아 진노하심에서 구원을 받을 것이니."(롬 5:9)

이런 예수 그리스도의 피가 없는 교회는 영혼을 살릴 수가 없고 지옥의 형벌에서 구원할 수 없습니다. 죽었던 심령을 살아나게 하는 것은 예수님의 피 밖에 없습니다.

이것이 복음의 핵심인데, 이 피의 복음은 전하지 않고 도덕적인 윤리나 행위만 강조하고 나눔과 섬김만 강조하면서 그것이 교회가 존재하는 목적인 양 설교하면 교회는 생명이 없고 생명이 없으니까 절대로 성장할 수 없습니다.

수분이 없는 곳에는 생명이 살 수가 없습니다. 교회에 제일 첫째로 필요한 수분은 예수님의 피입니다. 이 피가 있는 교회, 이 피를 증거하는 교회가 복된 교회입니다.

회개의 눈물이 있는 교회가 복된 교회입니다.

죄악 가운데 살던 사람들이 빛 되신 예수님을 믿고 영접하면 말씀을 들을 때마다 가슴이 찔리면서 죄를 회개하게 됩니다. 교회가 죄의 회개가 없고 변화의 역사도 없다면 생명이 있는 교회라고 할 수 없고 성장하는 교회가 될 수 없습니다. 교회는 회개의 눈물이 있어야 합니다.

"내가 탄식함으로 피곤하여 밤마다 눈물로 내 침상을 띄우며 내 요를 적시나이다."(시 6:6)

다윗은 자기의 죄를 통회하면서 눈물로 침상을 적셨습니다. 교회는 죄인들이 회개하고 변화되는 역사가 없으면 생명 있는 교회, 성령 충만한 교회라고 할 수 없습니다. 교회를 다니면서도 눈물 한 방울 못 흘려 보고 몇십 년을 다녀도 전혀 변화된 모습이 안 보인다면 과연 거듭난 신앙인지 의심해 볼 필요가 있습니다. 눈물은 교회에 꼭 필요한 수분입니다. 복된 교회는 성도의 회개의 눈물이 있는 교회입니다.

기도의 땀방울이 있는 교회가 복된 교회입니다.

'찰스 스펄전'(Charles Haddon Spurgeon, 목회자) – "그 교회
의 영적 상태는 정확히 기도회로 진단된다. 기도회는 은혜의 척도요,
하나님이 그의 백성가운데 얼마나 역사하시는지 판단하는 기준이다.
하나님이 그 교회에 가까이 계시면 그 교회는 기도한다. 하나님이 그
교회에 안 계시면 그 첫째 징표는 기도를 게을리 하는 것이다."

교회가 양적으로 질적으로 부흥하고 성장하는데 꼭 있어
야 할 수분은 기도의 땀방울입니다. 조용히 묵상 기도만 몇
분하는 교회는 결코 부흥 성장할 수 없습니다. 땀 흘리는 간
절한 기도, 목이 쉬도록 부르짖는 기도가 있어야 생명이 살
아나는 역사가 일어납니다. 예수님은 통곡하며 눈물로 기도
하셨습니다.

"그는 육체에 계실 때에 자기를 죽음에서 능히 구원하실 이
에게 심한 통곡과 눈물로 간구와 소원을 올렸고 그의 경건하
심으로 말미암아 들으심을 얻었느니라."(히 5:7)

간절한 기도는 역시 땀과 눈물이 섞인 기도입니다. 한나도

아이를 달라고 기도할 때에 통곡하며 기도했습니다.

"마음이 괴로워서 여호와께 기도하고 통곡하며."(삼상 1:10)

통곡하는 사람이 땀을 안 흘렸겠습니까? 눈물 흘리며 기도하는 사람은 땀방울과 콧물이 범벅이 되는 것입니다.

"예수께서 힘쓰고 애써 더욱 간절히 기도하시니 땀이 땅에 떨어지는 핏방울 같이 되더라."(눅 22:44)

얼마나 힘쓰고 애쓰며 기도하셨던지 땀방울이 핏방울같이 떨어졌습니다. 아마도 모세 혈관이 터져서 피가 섞였을지 모릅니다. 기도를 많이 하고 나면 예배당 유리창에 땀방울 같은 물이 흘러내리는 것을 볼 수 있습니다. 이런 교회는 생명이 살고 부흥됩니다.

'마틴 루터'(Martin Luther, 종교개혁자) - '나는 너무나 바쁘기 때문에 하루에 두 시간씩 기도한다.'

신앙생활이나 성공하는 사람은 잠잘 시간이 없을 정도로

바쁘지만 기도는 쉬지 않습니다. 바쁜 일 때문에 하나님이 필요해서 기도하는 것입니다. 기도는 연약한 내가 전능하신 하나님을 붙잡는 것입니다. 복된 교회는 기도로 하나님을 붙잡는 교회입니다. 기도로 꿈을 주고 소망을 주는 곳이 교회입니다.

"이스라엘의 거룩하신 이 곧 이스라엘을 지으신 여호와께서 이같이 이르시되 너희가 장래 일을 내게 물으며 또 내 아들들과 내 손으로 한 일에 관하여 내게 명령하려느냐."(사 45:11)

항상 기도하면서 하나님만 담대히 의지하고 살기를 바랍니다. 큰 믿음을 가지고 하나님만 의지하고 기도하며 살도록 인도하는 교회가 복된 교회입니다. 기도로 하나님을 의지하는 자는 뿌리를 잘 내린 삶을 사는 것입니다.

삶의 자원이 무엇입니까? 세상의 물질입니까? 명예, 권세입니까? 기업, 직장입니까? 아닙니다. 그리스도인에게는 오직 예수 그리스도입니다.

그러므로 우리 삶의 자원이 되시는 예수님께 기도의 파이프를 연결하십시오. 가정에 연결하십시오. 사업과 직장에 여러분의 인생 속에 연결하십시오. 기도를 통해서 무한한 예수님의 축복의 자원을 공급 받을 수 있기를 바랍니다.

기도하면 역사가 일어납니다. 기도가 답입니다. 그래서 기도하는 교회는 복된 교회인 것입니다.

'오랄 로버츠'(Granville Oral Roberts, 목회자) – "당신이 준비한 축복의 그릇을 가지고 주님을 만나면 주님은 당신의 모든 요구를 채워 주실 것입니다."

기도하고 싶을 때만 기도한다면 늘 마귀에게 지는 성도입니다. 사실 교회 가기 싫을수록 더욱 교회에 나와야 더 큰 은혜를 받습니다. 기도하기 싫을 때 더욱 기도해야 시험을 이기고 능력 있는 삶을 삽니다.

아름다운 꽃도 물을 주지 않으면 죽어버리고, 좋은 칼도 사용하지 않으면 녹습니다. 좋은 옷도 입지 않으면 좀이 슬고 보화도 땅에 감춰져 있으면 돌멩이에 불과합니다. 이와 같이 우리도 주님이 주신 능력의 기도를 사용하지 않으면 아무 소용이 없습니다.

열왕기하 20장을 보면 히스기야 왕이 죽을병에 걸렸을 때 이사야 선지자가 와서 "왕이시여 당신은 살지 못하고 죽을 것이니 집을 정리하시오"라고 했을 때 히스기야는 포기하지 않고 단념하지 않고 울며 통곡하며 부르짖었습니다. 그랬더니 그 기도가 상달되어 하나님께서 뜻을 돌이켜 병을 고쳐주시고 생명을 15년을 연장시켜 주셨습니다.

"내가 네 기도를 들었고 네 눈물을 보았노라 내가 너를 낫게 하리니 네가 삼 일 만에 여호와의 성전에 올라가겠고, 내가 네 날에 십오 년을 더할 것이라."(왕하 20:5-6)

땀과 눈물의 기도가 이렇게 위력이 있습니다. 기도의 습기가 가득한 교회, 기도의 수분이 있는 교회는 부흥 성장하는 복된 교회입니다.

성령의 생수가 있는 교회가 복된 교회입니다.

"증언하는 이가 셋이니, 성령과 물과 피라 또한 이 셋은 합하여 하나이니라"(요일5:7-8)

성령의 생수가 있는 교회가 부흥 성장합니다. 하나님의 말씀 진리를 전하는 것은 목사가 아니라 성령이십니다. 그러므로 목사는 성령의 감동으로 말씀을 준비하고 성령의 능력으로 말씀을 증거할 때 사람이 확신을 얻고 구원을 받고 믿음이 성장합니다.

그런데 성령을 사모하지도 않고 의지하지도 않고 인간의 지식이나 생각으로 설교하게 되면 성도들이 은혜를 못받고 교회가 부흥, 성장하지 못하고 침체되는 것입니다.

어느 목사님의 설교에서 의미있는 비유를 들었습니다. 의사가 수술은 성공했는데 환자는 죽었다는 것입니다. 수술의 성패는 의사가 집도를 만족스럽게 했는지 여부에 달려있지 않고 환자의 생명과 회복에 달려있습니다.

목사의 설교도 마찬가지입니다. 영적인 성패는 설교자의 언변에 있는 것이 아니라 영성입니다. 목사의 설교가 성도들의 영혼을 살려내는지 여부에 달려 있습니다. 신학교를 졸업하고 신학 박사학위까지 취득하고도 성령님을 의지하지 않기 때문에 성도들의 영혼을 살리지 못한다면, 교회를 살리지 못한다면, 수술에 성공했다고 하지만 환자가 죽은 것과 다를 바가 없습니다.

"내가 아버지께로부터 너희에게 보낼 보혜사 곧 아버지께로부터 나오시는 진리의 성령이 오실 때에 그가 나를 증언하실 것이요."(요 15:26)

"명절 끝날 곧 큰 날에 예수께서 서서 외쳐 이르시되 누구든지 목마르거든 내게로 와서 마시라, 나를 믿는 자는 성경에 이름과 같이 그 배에서 생수의 강이 흘러 나오리라 하시니, 이는 그를 믿는 자들이 받을 성령을 가리켜 말씀하신 것이라."(요 7:37-39)

에스겔 47장에 보면 성전 문지방에서 성령의 생수가 흘러내리는데 처음에는 발목에 흐르더니 일천 척을 측량하고 더 들어가니까 무릎에 흐르고 또 일천 척을 측량하니까 물이 헤엄칠 정도가 되더라고 했습니다.

그 강물 좌우에 나무가 자라고 이 강물이 흐르는 곳마다 번성하는 모든 생명이 살고 또 고기들이 많이 살고 모든 생물들이 번성했습니다.

성령의 생수가 흘러넘치는 제단에 생명이 살고 번성하는 역사가 일어납니다. 성령의 생수가 흐르지 않는 곳에는 영혼이 구원받을 수 없고 부흥할 수 없습니다.

목회는 성령께서 하시는 것입니다. 목사가 하는 것이 아닙니다. 성령님은 우리에게 꿈과 환상을 주시는 분입니다. 성령님의 인도를 받는 성도의 마음속에는 꿈과 환상이 있습니다.

"하나님이 말씀하시기를 말세에 내가 내 영을 모든 육체에 부어 주리니 너희의 자녀들은 예언할 것이요 너희의 젊은이들은 환상을 보고 너희의 늙은이들은 꿈을 꾸리라."(행 2:17)

교회는 꿈을 파는 곳입니다. 성령님은 꿈을 주는 영입니다. 악령은 우리의 모든 꿈을 산산이 부숴버리는 절망의 영입니다.

복된 교회는 젊은이나 노인이나, 가난한 사람이나 부한 사람이나, 건강한 사람이나 병든 사람, 누구에게든지 꿈을 주고 환상과 희망을 주는 곳입니다. 만약 여러분들이 교회에 와서 꿈과 환상을 사지 못하면 그 교회는 생명력을 잃은 것입니다. 설교자의 설교가 성령 충만해서 성도들의 가슴속에 영롱한 꿈을 심어주지 못한다면 그 설교는 죽은 설교입니다.

'루돌프 보렌'(Rudolf Bohren, 독일의 설교학자) – "설교는 꿈과 환상을 주는 것이다."

우리가 받는 모든 약속은 성령을 통해 꿈으로 받은 것이지 현실로 받은 것이 아닙니다. 다만 미래의 꿈으로 받은 것입니다. 우리는 부활을 믿습니다. 이것도 약속받은 꿈일 뿐입니다. 우리는 천국을 꿈꾸고 있기에 예배 자리에 나와 있고 현실에 닥치는 시련과 고난과 슬픔을 참고 살아갑니다.

오늘도 성령을 통해서 병든 사람은 건강한 꿈을 가지고 살고 실패한 사람은 성공하는 꿈을 갖고 살고 가난한 사람은 부요한 꿈을, 불행한 사람은 행복한 삶을 꿈꾸며 살아야 합니다.

복된 인생을 살아가려면 부정적인 어두운 생각을 버리고 긍정적이고 창조적인 성령이 주시는 복된 꿈을 가슴에 간직하고 살아야 합니다. 성도는 성령이 주시는 꿈으로 살다가 죽는 것입니다. 그래서 교회는 꿈을 파는 가게입니다. 그러므로 교회는 성령님이 역사하는 교회가 복된 교회인 것입니다.

겸손의 물이 있는 교회가 복된 교회입니다.

교회가 부흥하고 성장하는데 꼭 필요한 물이 또 하나 있습니다. 바로 예수님께서 제자들의 발을 씻기신 물입니다. 이것은 바로 겸손의 물입니다.

서울 어느 교회는 목사님의 설교도 은혜스럽고 예배당도 잘 지었는데 성도들이 등록을 하고 안 나오고 등록하고 안 나오는 일이 계속 반복되다 보니 교회가 10년 20년이 되어도 부흥이 안 되었습니다.

왜 그런가 살펴보니 장로님 두 사람이 텃세를 부리는데 좀 유력하고 저명한 성도가 등록하면 속된 말로 왕따를 시켜서 내보내곤 했답니다. 한 마디로 겸손히 섬김의 모습이 없는 것입니다. 높임 받고 세도나 부리려는 사람들만 있으면 그 교회는 결코 부흥도 은혜도 될 수가 없습니다.

예수님께서 십자가에 못박혀 죽으시기 전날 밤 허리에 수건을 두르시고 대야에 물을 떠다가 한 사람씩 한 사람씩 제자들의 발을 씻겨 주셨습니다. 천지 만물을 지으신 하나님의 아들 예수님의 거룩한 손이 피조물인 인간의 더러운 발을 씻어 주셨습니다. 하늘과 땅이 맞닿는 순간이라고 할 수 있습니다. 제자들의 발을 다 씻어 주신 후에 말씀하셨습니다.

"너희가 나를 선생이라 또는 주라 하니 너희 말이 옳도다 내가 그러하다, 내가 주와 또는 선생이 되어 너희 발을 씻었으니 너희도 서로 발을 씻어 주는 것이 옳으니라 하시고."(요 13:13-14)

"내가 너희에게 행한 것 같이 너희도 행하게 하려 하여 본을 보였노라."(요 13:15)

예수님은 주님이 되시고 선생이 되시지만 물을 떠다가 제자들의 발을 씻어 준 것같이 너희들도 높아지려고 하지 말고 겸손히 섬기는 자가 되라고 손수 모범을 보이며 교훈하셨습니다. 오늘날 교회에도 이런 겸손의 대야물이 없으면 주님과는 거리가 먼 교회가 되고 결코 부흥 성장하는 교회가 될 수 없습니다.

교회에서 아무리 목사님이 복음적인 설교를 하고 은혜로운 설교를 해도 중직자들이 겸손의 대야가 되지 않으면 영혼 구원을 할 수도 없고 부흥도 될 수가 없습니다. 매일 싸우고 다투는 마귀의 소굴이 됩니다. 예수님께서 제자들의 발을 씻겨 주시고 또 다시 말씀하시기를 "너희가 이것을 알고 행하면 복이 있으리라."(요 13:17)고 하셨습니다. 이것이 영육 간에 복 받는 비결입니다.

런던의 '켄더베리 교회'의 '니콜라이'라는 집사가 있었습니다. 17세에 교회를 관리하는 사찰집사가 되어 평생을 교회 청소와 심부름을 했습니다. 그는 교회를 자기 몸처럼 사랑하고 맡은 일에 헌신했습니다. 그가 하는 일 중에는 시간에 맞춰 교회 종탑의 종을 치는 일이 있었습니다.

그는 교회 종을 얼마나 정확하게 쳤든지, 런던 시민들은 도리어 자기 시계를 니콜라이 집사의 종소리에 맞추었다고 합니다. 그가 그렇게 교회를 열심히 섬기면서 믿음으로 키운 두 아들은 캠브리지와 옥스퍼드 대학 교수가 되었습니다.

어느 날, 그 두 아들이 아버지 니콜라이에게 말했습니다. "아버지, 이제 일 그만하세요." 그러나 니콜라이는 "아니야, 나는 끝까지 이 일을 해야 해." 그는 76세까지 종을 치며 교회를 사랑하고 관리했습니다.

그가 노환으로 세상을 떠나게 됐을 때, 가족들이 그의 임종을 보려고 모였습니다. 그런데 종을 칠 시간이 되자 일어나 옷을 챙겨 입더니 비틀거리며 밖으로 나가 종을 쳤습니다. 얼마간 종을 치다가 종탑 아래서 그는 세상을 떠나고 말았습니다. 이 이야기를 들은 엘리자베스 여왕은 감동을 받고 영국 황실의 묘지를 그에게 내주었습니다. 그리고 그의 가족들을 귀족으로 대우해 주었으며 모든 상가와 시민들은 그날 하루 일을 하지 않고 그의 죽음을 애도했습니다. 심지어 유흥주점도 문을 열지 않자 자연히 그가 세상을 떠난 날이 런던의 공휴일이 되었습니다. 17세부터 부지런하고 성실하게 사람들에게 종을 쳤던 그가 죽은 날이 공휴일이 된 것입니다.

"너희 안에 이 마음을 품으라 곧 그리스도 예수의 마음이

니, 그는 근본 하나님의 본체시나 하나님과 동등됨을 취할 것
으로 여기지 아니하시고, 오히려 자기를 비워 종의 형체를 가
지사 사람들과 같이 되셨고, 사람의 모양으로 나타나사 자기
를 낮추시고 죽기까지 복종하셨으니 곧 십자가에 죽으심이
라."(빌 2:5-8)

이 깊고 오묘한 말씀을 깨달아야 합니다. 이 우주에 예수님
보다 더 높으신 분이 어디 있습니까? 예수님은 우주 만물을
창조하신 창조주이십니다. 그런데 "하나님과 동등됨을 취할
것으로 여기지 아니하시고 오히려 자기를 비워 종의 형체를
가지사 사람들과 같이 되셨고"라고 했습니다.

다시 말하면 '아무것도 아닌 것처럼 자신을 낮추셨다'는
뜻입니다. 그렇기 때문에 대야에 물을 떠다가 제자들의 발을
씻어 주면서 "너희가 이것을 알고 행하면 복이 있으리라."(요
13:17)고 하셨습니다.

오늘날 교회 안에 이런 겸손한 마음이 필요합니다. 이런 겸
손의 물이 있어야 합니다. 교회에서 맡은 직분을 세상 벼슬
하는 것처럼 착각하여 교만해져서 권세를 부리고 우쭐하면

안 됩니다. 천사장 루시퍼가 저주를 받고 사탄이 된 원인은 하나님의 보좌를 찬탈하려는 교만 때문입니다.

어느 날 '성 어거스틴'에게 제자들이 물었습니다. "선생님 우리 기독교의 으뜸이 되는 교훈이 무엇입니까?"하고 물었을 때 "첫째도 겸손이요, 둘째도 겸손이요, 셋째도 겸손이다."라고 말했습니다.

"무릇 자기를 높이는 자는 낮아지고 자기를 낮추는 자는 높아지리라."(눅 14:11)

예수님께서 제자들의 발을 씻기신 물이 반드시 있어야 교회가 생명이 넘치고 크게 부흥합니다. 성도들도 복을 받습니다. 그러므로 교회는 반드시 예수님의 보혈의 수분이 있어야 하고 회개의 수분과 간절한 기도의 땀의 수분과 성령의 생수 같은 겸손의 물이 있어야 합니다. 이런 교회가 하나님이 사랑하시는 복된 교회입니다. 이런 복된 교회, 복된 성도들이 다 되시기 바랍니다.

복된 낭비

로마 황제 '콘스탄틴' 대왕의 부친 '콘스탄티누스'가 왕위에 오를 때의 일입니다. 그가 즉위했을 때 궁중에는 상당수의 그리스도인들이 공직에 있었습니다.

그는 엄한 칙령을 내려 모든 공직자들은 기독교를 택하든지 다른 종교를 택하든지 하나만 선택하라고 명령했습니다. 그는 대부분의 그리스도인들이 공직을 선택할 것이라고 생각했습니다.

그런데 대부분의 그리스도인들은 공직을 버리고 신앙을 지키기 위해 고향으로 돌아갔습니다. 콘스탄티누스는 이 일로 충격을 받았습니다. 그는 그들의 신앙에 탄복하여 '그리스도에게 충성하지 않는 사람은 결코 내게도 충성할 수 없다'며 신앙을 택한 사람들을 다시 불러 공직을 맡겼다고 합니다.

"그리스도를 섬기는 자는 하나님을 기쁘시게 하며 사람에게도 칭찬을 받느니라."(롬 14:18)

우리의 신앙은 결코 한순간의 물질이나 명예나 권세와 바꿀 수 없습니다. 나에게 가장 값진 것이 무엇이며 귀한 것이 무엇입니까? 그것을 하나님께 드리시기 바랍니다. 하나님께서 그것을 통해 영광을 받아 주실 것입니다.

남편이 사업차 여행을 가려고 하자 아내가 생활비를 좀 주고 가라고 했습니다. 그러다가 예배시간이 되어 그들 부부는 함께 예배를 드리러 갔습니다. 예배시간 도중에 남편은 좀 전에 한 아내의 말이 생각나 아내의 손에 일주일 동안의 생활비를 쥐어 주었습니다. 그런데 아내는 그 돈이 주일 헌금인 줄 알고 그 돈을 모두 헌금함에 넣었습니다. 나중에 이 사실을 알게 된 남편은 "잘됐어, 그 돈을 주님께 드렸으니까 주께서 그 액수만큼 받으셨을거야" 하고 말했습니다.

이 이야기를 들은 목사님은 그들에게 "원래 얼마를 드리려고 작정했었습니까?"하고 물었습니다. 남편이 얼마라고 얘기하자 목사님은 "하나님은 작정한 것만 받으십니다. 왜냐하면 하나님은 작정하는 그 마음을 보시기 때문입니다"라고 했습니다.

사람은 한번 살다가 돌아갑니다. 그래서 우리의 생을 일생이라고 말하는 것입니다. 인생은 되풀이해서 살 수 있는 기회가 절대로 없습니다. 지난 날 후회스럽고 부끄러운 일들을 돌이켜서 바르고 참되게 살 수 없기에 지나온 날을 회상해 보면 한번 밖에 주어지지 않은 인생을 생각할 때 숙연해집니다. 물론 이런 생각 없이 살아가는 사람도 있습니다. 그러나 우리는 그렇게 살 수 없습니다. 하나님의 사람이 되었기에 한 번쯤은 깊이 생각해 보고 살아야 합니다. 하나님의 자녀답게 살아야 됩니다. 주를 위해 살아야 합니다.

"내게 주신 모든 은혜를 내가 여호와께 무엇으로 보답할까, 내가 구원의 잔을 들고 여호와의 이름을 부르며, 여호와의 모든 백성 앞에서 나는 나의 서원을 여호와께 갚으리로다."(시 116:12-14)

많은 사람들이 주를 위해 쓰는 시간이나 몸과 물질을 낭비라고 생각합니다. 낭비란 한마디로 말해서 필요 이상으로 주는 것입니다. 다시 말해서 만원을 주면 될 것을 십만 원 주는 것이고, 한 상자 주면 될 것을 두 상자 주는 것이고 하루면 될 것을 3~4일 해 주는 것이 다 낭비라고 할 수 있습니다. 허비란 너무나 적은 것에 너무 많이 주는 것입니다. 세상적인 경제 원리는 최소한의 노력으로 최대의 효과를 얻으라는 것인데 이런 경제 원리에 의하면 허비와 낭비는 결코 잘한 것이 못 되는데도 예수님은 여기에 물질을 낭비하는 한 여인을 극구 칭찬하시면서 대단히 기뻐하신 사실을 찾아볼 수 있습니다.

예수님께서 자주 찾아가신 동네가 하나 있는데, 그 동네가 바로 베다니입니다. 그 동네에 나병환자였던 시몬의 집이 있었는데, 예수님이 고쳐 주셔서 감사한 마음으로 그 온 집이 예수님을 반가이 맞아들이고 대접도 잘하였던 모양입니다.

그런데 그 집에서 하루는 식사를 하시는데, 한 여인이 값비싼 나드 향유가 든 옥합을 소중히 가슴에 안고 들어오더니 300데나리온이 넘는 향유 옥합을 아까워하지도 않고 깨뜨려서 주님의 머리에 쏟아부어 드렸습니다. 몇 방울만 뿌려도 향기가 진동하는 나드 향유를 한 옥합을 다 부어드렸으니 얼마나 향기가 집안에 진동했겠습니까? 그때 어떤 사람이 화를 내며 말했습니다.

"어찌하여 이 향유를 허비하는가, 이 향유를 삼백 데나리온 이상에 팔아 가난한 자들에게 줄 수 있었겠도다 하며 그 여자를 책망하는지라."(막 14:4-5)

예수님은 그 여인의 편을 들면서 말씀하셨습니다.

"가만 두라 너희가 어찌하여 그를 괴롭게 하느냐 그가 내게 좋은 일을 하였느니라."(막 14:6)

그리고 칭찬까지 하셨습니다.

"가난한 자들은 항상 너희와 함께 있으니 아무 때라도 원하는 대로 도울 수 있거니와 나는 너희와 항상 함께 있지 아니하리라, 그는 힘을 다하여 내 몸에 향유를 부어 내 장례를 미리 준비하였느니라, 내가 진실로 너희에게 이르노니 온 천하에 어디서든지 복음이 전파되는 곳에는 이 여자가 행한 일도 말하여 그를 기억하리라 하시니라."(막 14:7-9)

세상 경제 원리에 비추어보면 이 여인은 물질을 낭비한 잘못을 저지른 사람입니다. 특히 가룟 유다의 논리 정연한 말은 틀림없는 말을 했는데도 예수님은 제자들을 꾸짖다시피 하시면서 책망하시고 여인을 칭찬하셨습니다.

"온 천하 어디서든지 복음이 전파되는 곳에는 이 여인이 행한 일도 말하여 그녀를 기억하라."(막 14:9)

영의 세계나 믿음의 세계에서의 진리는 세상 경제 원리나 이성적인 논리에는 어긋나는 점이 많습니다. 예수님은 이 여인이 행한 일은 복된 낭비요, 거룩한 낭비라고 칭찬하셨습니다. 가난한 자가 도움을 받고 안 받는 것이 문제가 아니라 주님께서 기뻐하는 자인가 아닌가 문제임을 알아야 합니다.

인간적인 계산으로는 낭비같이 보여도 주님이 기뻐하실 일이라면 해야 하는 것이고 경제 원리에 맞고 계산적으로 꼭 맞는다 할지라도 주님이 기뻐하시는 일이 아니라면 하지 않는 것이 참된 신앙인이 취할 자세입니다. 이 여인이 우리 주님께 칭찬받은 이유가 무엇입니까?

첫째, 향유를 미리 부었기 때문입니다.

"예수께서 베다니 나병환자 시몬의 집에서 식사하실 때에 한 여자가 매우 값진 향유 곧 순전한 나드 한 옥합을 가지고 와서 그 옥합을 깨뜨려 예수의 머리에 부으니."(막 14:3)

주님의 일은 기회가 있는 것이지 아무 때나 할 수 있는 것이 아닙니다.

"범사에 기한이 있고 천하 만사가 다 때가 있나니, 날 때가 있고 죽을 때가 있으며 심을 때가 있고 심은 것을 뽑을 때가 있으며, 죽일 때가 있고 치료할 때가 있으며 헐 때가 있고 세울 때가 있으며, 울 때가 있고 웃을 때가 있으며 슬퍼할 때가 있고 춤출 때가 있으며, 돌을 던져 버릴 때가 있고 돌을 거둘 때가 있으며 안을 때가 있고 안는 일을 멀리할 때가 있으며, 찾을 때가 있고 잃을 때가 있으며 지킬 때가 있고 버릴 때가 있으며, 찢을 때가 있고 꿰맬 때가 있으며 잠잠할 때가 있고 말할 때가 있으며, 사랑할 때가 있고 미워할 때가 있으며 전쟁할 때가 있고 평화할 때가 있느니라."(전 3:1-8)

마리아는 미리 향유를 부었으니까 할 수 있었지 후에는 부을 기회가 없었습니다. 며칠 후 안식 후 첫날 여인들이 예수님께 향유를 부으러 달려갔지만 붓지 못하고 돌아왔습니다 (막 16장). 그래서 예수님께서 "가난한 자들은 항상 너희와 함께 있으니 아무 때라도 원하는 대로 도울 수 있거니와 나는 너희와 항상 함께 있지 아니하리라."(막 14:7)고 말씀하신 것입니다.

우리 주님께 헌신할 기회는 아무 때나 있는 것이 아닙니다. 나중에 기회가 온다고 해도 그때는 이미 가치가 그만큼 삭감되고 주님을 기쁘시게 하지 못하는 것입니다. 하나님의 일은 기회가 주어졌을 때 성령의 감동이 올 때 순종하고 실천해야 합니다. 물론 주님을 기쁘시게 하려고 할 때 마리아와 같이 반대도 핍박도 받을 수 있습니다.

이해할 만한 제자들까지 꾸짖은 것을 보면 어려움이 많았던 것을 알 수 있습니다. 우리도 분명히 주님이 기뻐하시는 일임을 발견한 뒤에는 아무리 신령하다는 사람의 충고라도 물리치고 단행할 필요가 있습니다.

부족한 저의 목회 생활 속에서도 지나고 보면 두고두고 간증거리가 되고, 남에게 은혜가 되고 축복이 되었던 일들이 당시에는 지인들의 반대와 조롱을 받았던 경험들이 많습니다. 주님을 기쁘시게 하는 헌신의 기회가 있을 때 사람의 말을 듣지 말고 계산을 앞세우지 말고 용감히 실천할 필요가 있는 것입니다.

'카네기'(Andrew Carnegie, 기업인) – "좋은 기회를 만나지 않은 사람은 한 사람도 없다. 다만 그 찬스를 잡지 못했을 뿐이다."

'프란시스 베이컨'(Francis Bacon, 근대철학자) – "인간은 기회를 발견한 즉시 또 다른 한편의 기회를 만들어야 한다."

우리는 우리 인생에 있어서 기회를 잘 포착해야 합니다. 모든 일에는 때가 있고 기회가 있습니다. 심을 때 심어야 거둘 수 있고 오늘 할 일은 오늘 해야 내일의 할 일이 주어집니다. 은혜받을 때에 은혜받고 기도할 때 기도하고 충성할 때 충성해야 합니다. 하나님께서 허락하신 기회를 우리는 반드시 잘 포착해야 합니다.

"우리가 선을 행하되 낙심하지 말지니 포기하지 아니하면 때가 이르매 거두리라."(갈 6:9)

"때가 아직 낮이매 나를 보내신 이의 일을 우리가 하여야 하리라 밤이 오리니 그 때는 아무도 일할 수 없느니라."(요 9:4)

미국의 '로버트 슐러'(Robert Schuller)목사님이 교회를 크게 건축하기로 결정하고 그 사실을 발표하자 사람들이 비난했습니다. "왜 그렇게 많은 돈을 들여서 성전을 짓습니까? 그 돈을 가지고 굶주린 아프리카의 사람을 돕고 인도의 기근에 싸인 사람을 돕는 것이 더 좋지 않겠습니까?"라고 물었습니다. '로버트 슐러' 목사님은 이렇게 대답했습니다. "이 성전을 짓는 돈을 가지고 3년 동안은 그들을 도울 수 있습니다. 그러나 그 다음에는 누가 그들을 돕겠습니까?" 그리고 '슐러' 목사님은 교회 건축을 마치고 봉헌할 때 100만 불의 헌금을 모아 멕시코의 가난한 이들을 위해 병원을 지어 주었습니다. 우리나라 거창 고등학교에는 22만 불을 보내서 학교와 강당을 건축했습니다.

무엇이 진짜 낭비입니까? 하나님께 드리는 것은 낭비가 아닙니다. 먼저 하나님께 드리고 난 다음에 얼마든지 가난한 사람을 도와줄 수 있습니다. 하룻밤에 술값으로 사라지는 돈이 얼마고 사치와 방종으로 없어지는 돈이 얼마입니까? 이런 것에 대해서는 한마디 말도 못하면서 하나님께 헌금하고 헌신하는 것을 비난하고 비판하는 것은 신앙이 없는 사람들의 말입니다. 우리는 먼저 해야 할 것은 먼저 하고 나중에 할 것은 나중에 해야 합니다. 하나님을 먼저 사랑하는 사람이 이웃을 사랑할 수 있고 하나님께 드릴 줄 아는 사람이 이웃에게도 사랑의 손길을 베풀 수 있습니다.

둘째, 이 여인은 힘을 다하여 헌신했기 때문입니다.

"그는 힘을 다하여 내 몸에 향유를 부어 내 장례를 미리 준비하였느니라."(막 14:8)

예수님께서 "그는 힘을 다하여 내 몸에 향유를 부었다"고 칭찬하셨습니다. 마리아는 앞날을 위해서 아무것도 남겨 놓지 않고 힘과 정성을 다해서 예수님께 부어 드렸습니다. 이것이 예수님을 기쁘시게 했습니다.

어떤 성경학자는 이 향유는 이 여인이 결혼지참금으로 조금씩 조금씩 모았던 것이라고 합니다. 가룟 유다의 말대로 300데나리온 이상에 팔 수 있었다면 남자가 1년 동안 벌어야 하는 큰돈입니다. 왜냐하면 그 당시 하루 품삯이 한 데나리온이라고 성경에 나왔기 때문입니다. 그런데 이 여인은 하나도 남김없이 앞날을 생각지도 않고 몽땅 힘을 다하여 부었습니다. 이런 행위는 틀림없이 주님을 기쁘시게 하고 자기도 축복을 받습니다. 힘을 다하여 하는 일이 아니면 참으로 주님을 기쁘시게 할 수가 없습니다. 주님은 최선의 것을 기뻐하십니다. 그런데 오늘날 많은 사람들이 먼저 자신이 할 것을 다하고 부스러기 정성으로 주님께 헌신하려는 사람들이 많습니다.

"네 마음을 다하고 목숨을 다하고 뜻을 다하고 힘을 다하여 주 너의 하나님을 사랑하라."(막 12:30)

마음으로부터 우러나오는 값진 것을 붓는 일이 고귀한 것입니다. 제일 소중히 여기는 귀한 옥합을 깨뜨리는 데 의미가 있습니다. 안타깝게도 적지 않은 사람들이 감히 그것을 깨뜨리지 않습니다. "주님 여기 있습니다. 이것이 모두 주님의 것입니다. 주님은 이 모든 것을 받으시기에 합당하신 분입니다"하고 깨뜨릴 수만 있다면 주님을 기쁘시게 하고 자신에게 복이 되는 것입니다. 그것이 참으로 복된 낭비요 거룩한 낭비입니다.

"너희를 위하여 보물을 땅에 쌓아 두지 말라 거기는 좀과 동록이 해하며 도둑이 구멍을 뚫고 도둑질하느니라, 오직 너희를 위하여 보물을 하늘에 쌓아 두라 거기는 좀이나 동록이 해하지 못하며 도둑이 구멍을 뚫지도 못하고 도둑질도 못하느니라."(마 6:19-20)

주님을 기쁘시게 하는 복된 낭비의 원리가 무엇입니까?

첫째, 힘에 지나도록 헌신하는 원리가 주님을 기쁘시게 하는 것입니다.

"그는 힘을 다하여 내 몸에 향유를 부어 내 장례를 미리 준비하였느니라."(막 14:8)

"너는 마음을 다하고 뜻을 다하고 힘을 다하여 네 하나님 여호와를 사랑하라."(신 6:5) 구약 성경에서 제일 중요한 요절입니다.

마리아는 힘을 다하여 자기의 모든 것인 향유 옥합을 몽땅 깨뜨려 예수님 머리에 부어드렸습니다. 그래서 주님이 기뻐하셨고 복음이 증거되는 곳마다 이 여인의 헌신을 기억하게 하라 하셨습니다.

믿음의 조상 아브라함도 하나님을 기쁘시게 하기 위해서 자기의 독자라도 아끼지 않고 번제로 드리려고 했습니다. 하나님이 기뻐하시는 일이라면 독자라도 바치고 또 그렇게 순종하면 아들도 살려 주실 수 있는 것을 믿었기 때문입니다. 주님을 기쁘시게 하기 위해서는 물질을 허비할 뿐 아니라 독자라도, 자신의 생명이라도 초개와 같이 버릴 수 있는 믿음이 복된 믿음입니다.

가룟 유다는 죄인을 기쁘게 하는 데만 마음을 썼지, 참으로 주님이 기뻐하시는 것이 무엇인지 몰랐습니다. 복음의 최종 목적은 죄인을 기쁘게 하는 데 있는 것이 아니라 주님을 기쁘게 하는 데 있습니다.

모든 것은 하나님의 아들을 만족케 하기 위해 존재합니다. 그렇게 될 때 나도 진정으로 만족케 되는 것입니다. 주님을 만족하게 해 드렸는데 자기 자신이 만족하지 않은 사람은 없습니다.

우리의 만족은 주님을 만족하게 하는 데서 옵니다. 그런데 거룩한 낭비가 없이 주님을 만족하게 해드릴 수 없습니다. 힘에 지나도록 헌신하는 것이 주님을 기쁘시게 하는 원리입니다.

"그런즉 우리는 몸으로 있든지 떠나든지 주를 기쁘시게 하는 자가 되기를 힘쓰노라."(고후 5:9)

둘째, 능력의 원리가 있습니다.

"이를 위하여 나도 내 속에서 능력으로 역사하시는 이의 역사를 따라 힘을 다하여 수고하노라."(골 1:29)

주님께 과분하게 드려 봉사함은 하나님의 능력이 같이 하시기 때문입니다. 주님을 섬기는데 지나치리만큼 낭비하는 것이 능력의 원리가 됩니다. 주님을 기쁘시게 하고 많은 사람들을 구원하는 일에는 결코 낭비가 아닙니다. 지나치게 헌신해 보지 않은 사람은 아무리 똑똑하고 기도를 많이 하는 것 같아도 큰 능력이 나타나지 않습니다. 그러므로 주님을 위한 낭비는 복된 낭비입니다.

셋째, 주님을 위한 낭비는 유용하게 쓰임받는 원리입니다.

그 사람이 얼마나 주님을 위해서 허비할 수 있느냐에 따라서 하나님의 유용한 사람이 될 수 있느냐 없느냐가 결정됩니다. 주님을 위해 지나치리만큼 헌신 할 수 있는 사람이라면 주님의 유용한 그릇이 될 수 있습니다.

"이와 같이 너희 중의 누구든지 자기의 모든 소유를 버리지 아니하면 능히 내 제자가 되지 못하리라."(눅 14:33)

가룟 유다같이 주님 앞에서 계산만 따지는 사람은 유용한 그릇이 될 수 없습니다. 모세는 애굽의 부귀영화를 다 버리므로 하나님께 유용하게 쓰임 받는 종이 되어 이스라엘 민족을 구원했습니다.

주님의 사랑받는 수제자 베드로는 자기 평생을 먹고 살아야 할 배와 그물을 집어 던지는 용기와 심지어 자기 생명도 초개와 같이 버릴 수 있었기에 수제자가 될 수 있었습니다. 주를 위한 낭비는 정말 복된 낭비이고 유용하게 쓰임 받는 원리입니다.

아프리카에서 가장 덥고 독사와 악어가 들끓는 곳으로 이름난 '랑바레네'라는 곳에 서양집도 아니고 토인들의 집도 아닌 40여 채의 자그마한 집들이 있습니다. 그 집들은 지방민들을 위한 병원으로 '알버트 슈바이처'(Albert Schweitzer) 박사가 세운 집들입니다.

'알바트 슈바이처'박사는 1875년 독일 '알싸스' 지방에서 태어나 26세 때 이미 철학, 신학, 음악의 세 가지 분야에서 박사 학위를 취득했고 의학박사 학위까지 받은 희대의 천재였습니다. 그런 그가 1913년 모든 것을 다 버리고 가장 불쌍한 사람들을 위해 주 예수의 복음을 전하려고 사랑하는 아내와 같이 아프리카로 향했습니다. 그곳에 도착해서 그는 병원을 세우고 토인들을 돌보아 주며 주님의 복음을 전하기 위해 갖은 고난을 다 겪었습니다.

한번은 "이런 야만인들을 고쳐 주기 위하여 이런 곳에 오다니 이렇게까지 인생을 낭비하는 나는 정말 바보가 아닌가?"하고 말했습니다. 그때 함께 있던 통역사가 이렇게 말했다. "선생님은 과연 세상에서 제일가는 바보입니다. 그러나 하늘나라에서는 그렇지 않을 것입니다."

넷째, 향기를 풍기는 원리입니다.

이 여인의 낭비 때문에 온 집안에 향기가 가득해서 예수님과 많은 사람들을 기쁘게 했습니다. 옥합을 깨뜨리는 것과 같은 극한 헌신을 경험한 사람은 향기가 나서 자연히 많은 사람들에게 발견되고 소문납니다. 또 하나님께서 그렇게 만들어 주십니다.

"내가 진실로 너희에게 이르노니 온 천하에 어디서든지 복음이 전파되는 곳에는 이 여자가 행한 일도 말하여 그를 기억하리라."(막 14:9)

이해타산에만 영리하고 이기심에 사로잡힌 사람은 하나님이 주시는 굉장한 칭송과 영광을 맛볼 수 없습니다. 성도는 그 사람이 가지고 있는 소중한 그 무엇인가를 깨뜨릴 때 다른 사람이 그 냄새를 맡게 되고, 그 향기가 멀리 멀리 퍼져 나가는 것입니다. 교회도 목사나 장로, 안수집사, 권사, 직분을 맡은 성도가 무엇인가 깨뜨릴 때 부흥되는 것이지 교회가 없어서 찾아오는 것이 아닙니다.

서울 영락 교회가 세워지기까지 그 배경에 아름다운 이야기가 있습니다. 여집사님 한 분이 삼 남매를 데리고 1.4후퇴 때 빈손 들고 내려와서 잘 키워서 모든 자녀가 훌륭하게 성장했습니다. 어느 주일날 영락교회 한경직 목사님께서 이렇게 말씀하셨습니다. "저 북녘땅에서 내려올 때 빈손 들고 내려왔지만, 하나님께서 이만큼 축복해 주셨으니 이제 예배당이 적어서 모두 함께 예배를 드릴 수가 없으니 모두 1주일 먹을 양식만 남기고 하나님의 성전을 건축하는데 다 바칩시다."

집사님은 행상(行商)을 하면서 혼자 3남매를 키우던 이 집사님은 자기가 가지고 있는 모든 것을 다 드리고 하루에 한 번씩 꼭 교회에 오셔서 벽돌 한장 한장을 붙잡고 기도하셨습니다. 그리고 하나님이 축복하셔서 땅을 사둔 것이 값이 오르고 두 번째 건축할 때, 그 권사님은 자녀들에게 양해를 구하고 전 재산을 다 바쳐서 예배당을 지었다고 합니다. 그래서 지금도 교회 한쪽에는 그 권사님이 벽을 붙잡고 간절히 눈물로 기도하는 모습을 사진에 찍어서 걸어 두었다고 합니다.

"내가 진실로 진실로 너희에게 이르노니 한 알의 밀이 땅에 떨어져 죽지 아니하면 한 알 그대로 있고 죽으면 많은 열매를 맺느니라."(요 12:24)

미국에서 카톡으로 보내 온 편지입니다.

"벌써 미국에 온 지 30년이 되어갑니다. 두 분의 사랑으로 이곳에 와서 고생도 했지만 주님의 연단과 훈련으로 잘 지나왔고 모든 것이 하나님의 은혜였습니다. 미국에 와서 가장 힘들었던 것이 주안중앙교회에서 믿음생활했던 그 뜨거움이 너무나 그립고 사모하였습니다. 개척한 지 25주년이 지났습니다. 코로나 때문에 교회들도 많은 어려움이 있을 줄 압니다. 저희는 이때 온 성도가 57일간 24시간 릴레이 기도에 들어갔답니다.

영적으로 뜨거워서 하나님 앞에 다 나와서 예배드리는 기쁨이 있었습니다. 인터넷 보고 소문을 듣고 찾아온 성도님들도 있었고 재정도 많이 들어 오고 해서 많은 곳에 선교도 하게 되어 얼마나 기쁘고 감사한지 모릅니다.

예수님을 믿고 복 받은 사람이 접니다. 저희 딸은 작년 10월에 목사님 댁 아들과 결혼하여 잘 살고 있고, 아들은 목사님 댁 딸과 올 6월 18일 결혼합니다. 목사님 사모님! 외국에 나와 보니까 알겠습니다. 주안중앙교회 성도님들은 복 받은 분들입니다. 목사님, 사모님 감사드립니다. 한국에 나갈 때마다 베풀어 주신 은혜 정말 감사드립니다. 한국에 저희 친정 가족, 할머니, 아버지, 엄마, 예수님 믿고 구원 받고 다 천국에 가셨습니다. 할렐루야."

주님을 사랑하십니까? 그렇다면 이제 우리는 깨뜨려야 할 옥합이 있습니다. 이 옥합은 돌로 만든 옥합이 아닙니다. 돌처럼 굳어버린 우리 심령의 옥합을 깨뜨려야 합니다. 힘으로도 안 되고 노력으로도 안 됩니다. 이는 오직 성령의 능력으로만 가능합니다.

옥합은 한 번에 깨졌지만, 그 냄새는 두고두고 오래오래 전달되는 것입니다. 이런 낭비는 참으로 복된 낭비입니다. 이런 것들은 하나님 앞에서 행한 주님을 기쁘시게 하는 원리가 되는 것을 믿으시고 올 한 해 주를 위하여 복된 낭비를 할 수 있기를 바랍니다.

복된 기도

우리 인생에 하나님께 드리는 기도처럼 중요한 것이 없습니다. 우리 기독교의 역사는 기도의 역사입니다. 하나님은 기도를 통하여 역사하시고 기도하는 사람을 통하여 일하십니다. 기도를 통하여 당신의 뜻을 이루시기를 원하십니다.

마귀는 기도실 문에 제일 강한 군대를 배치 한다는 말이 있습니다. 성도가 기도만 못하게 된다면 마귀가 승리할 수 있기 때문입니다.

기도를 뜨겁게 하지 않으니 은혜를 받을 수 없습니다. 기도를 뜨겁게 하지 않으니 응답과 문제을 받을 수 없습니다. 축복과 영적인 신앙생활에 승리할 수가 없는 것입니다. 기도의 불이 붙어야 성령의 불이 붙고 성령의 불이 붙어야 부흥의 불이 붙는 것입니다.

하나님과 교제해보지 않고는 결코 하나님을 알 수 없습니다. 그래서 낙타 무릎이 되지 않고는 영적인 신앙생활을 이야기 할 수 없습니다. 무릎 꿇고 기도하지 않는 사람은 하나님도 알 수 없고 성경도 바로 알 수 없습니다. 그래서 신앙생활에 가장 중요한 것이 기도입니다.

왜 우리가 기도해야 합니까?

많은 성도들이 기도는 예배순서에나 들어가는 정도로 알거나 답답한 일이 있거나 아쉬운 일이 있을 때 하나님을 찾는 것으로 아는 사람들이 많습니다. 그러나 성경에는 쉬지 말고 성경을 읽으라는 말이나 찬송하라는 말은 없지만 쉬지말고 기도하라는 말씀은 있습니다. 사무엘 선지자는 "나는 너희를 위하여 기도하기를 쉬는 죄를 여호와 앞에 결단코 범하지 아니하고"(삼상 12:23)라고 말했습니다.

예수님께서 설교하는 법은 가르쳐 주신 일은 없지만 기도하는 법은 반복해서 가르쳐 주셨고, 예수님 자신이 기도의 본을 보여 주셨습니다. 우리 주님은 새벽마다 한적한 곳에 가셔서 기도하셨고, 제자를 선택하는 중요한 일을 앞두고는 밤새도록 철야기도 하셨고, 공생애를 시작하실 때에는 40일 금식기도를 하셨습니다.

하늘과 땅의 모든 권세를 다 가지신 예수님이 이렇게 기도하셨는데, 우리같이 연약한 인간이 기도하지 않고 어떻게 시험을 이기고 마귀를 이기고 승리의 생활을 할 수 있겠습니까? 예수님께서 교회를 "말씀의 집"이라고 해야 마땅할 것 같은데, 예수님은 "기도하는 집"이라고 하셨습니다. 그러므로 교회가 기도는 하지 않고 설교만 하거나 성경공부만 한다든지 사회 봉사하는 데만 힘을 쓴다면 교회는 능력을 상실하고 쇠퇴하게 될 것입니다.

'하나님은 구하기 전에 우리의 형편을 아시고 필요를 공급해 주시는 분인데 꼭 기도해야 되는가?'라는 생각이 들기도 합니다. 그러나 기도해야 합니다. 왜 기도해야 합니까?

1) 하나님은 그의 백성과 동역하기를 원하십니다.

기도는 하나님의 일에 동역하는 것입니다. 하나님은 능력이 무한하신 분이지만 홀로 외롭게 무슨 일을 행하시기를 원치 아니하시고 그의 자녀들과 함께 일하시기를 원하십니다. 다시 말씀드리면 하나님의 뜻과 일이 성도들의 입을 통해서 나타나기를 원하시고 그 목소리를 통해서 드러내기를 원하십니다.

"이스라엘의 거룩하신 이 곧 이스라엘을 지으신 여호와께서 이같이 이르시되 너희가 장래 일을 내게 물으며 또 내 아들들과 내 손으로 한 일에 관하여 내게 명령하려느냐."(사 45:11)

이 말씀은 장래 일에 대해서 "내게 주문하라", "부탁하라"는 것입니다. 장차 될 일에 대해서 원하는 바를 미리미리 주문하고 부탁하라는 것입니다. 꼭 해달라고 간청하라는 말씀입니다.

기도는 하나님과 동역하는 것입니다. 기도하지 않고 하나님의 일을 한다는 것은 말도 안 되는 일입니다. 한국에서 기도해도 하나님은 아프리카나 동남아시아에서 응답하시고 역사하십니다. 이렇게 기도를 통해서 응답받고 하나님의 역사를 체험할 때 하나님은 좋으신 하나님임을 깨닫게도 되고 섬세하신 사랑으로 돌보고 계심을 깨닫게 됩니다.

우리나라 국민 엄마라고 불리우는 탤런트 김혜자 권사님은 연예인들이 당당하게 자신을 크리스천이라고 말하는 것을 부끄러워하는 모습을 보면서 본인은 당당하게 고백한다며 이런 간증을 했습니다.

"성경에도 있잖아요. 네가 나를 모르는 척하면 나도 널 모른다고 하겠다고 예수님께서 말씀하셨잖아요. 우리는 '난 어떤 사람을 존경해'라는 말은 잘하면서 '하나님을 좋아한다'는 말은 왜 꺼려할까요? 저는 하나님이 없으면 어떻게 살았을까 싶어요"라고 말했습니다.

김혜자 권사님이 담배를 끊게 된 고백입니다. "첫 임신 때 입덧을 없애려고 담배를 접한 후 나도 모르게 30년 골초가 되었습니다. 집에서나 방송국에서나 늘 내 손에는 담배가 들려 있었습니다. 오죽했으면 연예계 '체인 스모커'를 뽑을 때 늘 1위를 차지하곤 했겠습니까? 나는 흡연가라기보다는 애연가였습니다. 담배를 물었다 하면 필터만 남을 때까지 피웠고 폐 속 깊숙이 연기를 받아들이며 참 맛있게 피웠습니다. 독실한 기독교 신자이면서도 담배만은 포기할 수 없어

교회에 갈 때마다 "하나님 이것만은 좀 봐 주세요"라고 기도하곤 했다고 합니다.

그런 권사님에게 '사건'이 일어났습니다. 여느 때처럼 아침에 일어나 담배부터 피워 물었는데 이제껏 피던 맛이 아니었습니다. 깜짝 놀라 껐다가 다시 불을 붙이기를 거듭했지만 쓰고 역겨운 맛뿐이었습니다.

그날 밤 미국에 사는 딸에게 전화를 걸어서 "고은아, 정말 이상하다. 담배 맛이 싫어졌어"라고 말했더니 딸이 갑자기 "하나님 감사합니다"라며 엉엉 울었답니다. "엄마, 하나님이 아름답게 지어 주신 몸을 담배 따위로 더럽혀서는 안 된다는 생각이 들었어. 그래서 하나님께 기도했는데 이렇게 빨리 들어주실 줄 몰랐어"

자신이 태어날 때부터 담배를 피워 온 엄마에게 차마 담배를 끊으라는 말은 못하고 무려 백일 동안 남편에게 아이를 맡기고 새벽 기도를 다녔다는 딸아이의 말을 듣고는 온몸에 소름이 돋았습니다. 그날로 담배와의 길고 긴 인연이 끊겼습니다. 다행히도 금단현상은 전혀 없었고 누가 바로 옆에서 담배를 피워도 피고 싶다는 생각이 들지 않았습니다.

권사님은 "내가 거짓말처럼 한순간에 금연을 할 수 있었던 것은 딸아이의 기도를 들어 주신 하나님의 힘이라고 밖에는 설명할 길이 없습니다"라고 고백했습니다.

2) 하나님은 우리가 기도해야 응답을 주시기 때문입니다.

하나님은 우리가 하나님께 간구해야 응답을 주시는 것이지 우리가 원하지도 않고 구하지도 않는데 억지로 주시는 분이 아닙니다.

"구하라 그리하면 너희에게 주실 것이요 찾으라 그리하면 찾아낼 것이요 문을 두드리라 그리하면 너희에게 열릴 것이니"(마7:7) 라고 하셨지 구하지도 않고 기도하지도 않는데 억지로 안겨주시는 분이 아닙니다.

"진실로 너희에게 이르노니 무엇이든지 너희가 땅에서 매면 하늘에서도 매일 것이요 무엇이든지 땅에서 풀면 하늘에서도 풀리리라."(마 18:18)

"너희 중의 두 사람이 땅에서 합심하여 무엇이든지 구하면 하늘에 계신 내 아버지께서 그들을 위하여 이루게 하시리

라."(마 18:19)

풀고 매는 것을 우리의 뜻을 무시하고 하나님께서 일방적으로 하시는 것이 아니라 우리의 소원과 기도를 들으시고 행하시는 것입니다.

"너희 안에서 행하시는 이는 하나님이시니 자기의 기쁘신 뜻을 위하여 너희에게 소원을 두고 행하게 하시나니."(빌 2:13)

에스겔 36장 37절에 보면 하나님은 이스라엘의 인수를 양 떼처럼 많게 하고 번성케 해주고 싶지만 그래도 너희들이 그렇게 해달라고 구해야 해주지 주고 싶어도 구하지 않으면 해주실 수 없다고 하셨습니다.

"주 여호와께서 이같이 말씀하셨느니라 그래도 이스라엘 족속이 이같이 자기들에게 이루어 주기를 내게 구하여야 할지라 내가 그들의 수효를 양 떼 같이 많아지게 하되."(겔 36:37)

"너희가 얻지 못함은 구하지 아니하기 때문이요, 구하여도 받지 못함은 정욕으로 쓰려고 잘못 구하기 때문이라."(약

하나님은 우리가 작은 것부터 큰것까지 하나님과 의논하는 것을 기뻐하십니다. 하나님께 사랑받고 뜻에 합당하다고 칭찬받은 다윗은 모든 일에 하나님께 묻고 행했습니다. "하나님 이 일을 하리이까 말리이까?", "나가서 싸우리까 말리이까?"하고 꼭 물어보았다고 성경은 말합니다. 그러기 때문에 평생을 승리하는 삶을 살 수 있었던 것입니다.

3) 하나님은 우리 성도들과 교통하고 교제하시기를 원하십니다.

부모님들은 자식들이 자주 찾아와서 대화하기를 원하십니다. 우리는 보잘것 없는 인간이지만 하나님도 우리가 하나님께 나와서 대화하고 교제하기를 원하십니다.

"여호와께서 말씀하시되 오라 우리가 서로 변론하자 너희의 죄가 주홍 같을지라도 눈과 같이 희어질 것이요 진홍 같이 붉을지라도 양털 같이 희게 되리라."(사 1:18)

죄가 많다고 이리저리 도망가지 말고 내게 나와 대화하라 그리하면 흰눈 같이 양털 같이 희게 하여 주시겠다고 하십니다.

"주 예수 그리스도의 은혜와 하나님의 사랑과 성령의 교통하심이 너희 무리와 함께 있을지어다."(고후 13:13)

"우리의 사귐은 아버지와 그의 아들 예수 그리스도와 더불어 누림이라."(요일 1:3)

4) 기도가 아니고는 사탄을 이길 수 없기 때문입니다.

악한 마귀 사탄과 싸워서 이기는 비결은 예수님의 보혈을 의지하고 기도하는 길밖에 없습니다.

"우리의 씨름은 혈과 육을 상대하는 것이 아니요 통치자들과 권세들과이 어둠의 세상 주관자들과 하늘에 있는 악의 영들을 상대함이라."(엡 6:12)

"모든 기도와 간구를 하되 항상 성령 안에서 기도하고 이를

위하여 깨어 구하기를 항상 힘쓰라."(엡 6:18)

기도는 마귀를 이기는 가장 강력한 힘입니다. 기도하지 않는 성도나 교회는 마귀가 무서워하지 않습니다. 연약한 성도라도 기도하는 것을 보면 마귀는 무서워 벌벌 떱니다.

마귀 사탄이 우리 교회를 무섭게 공격하는 이 시대에 사탄의 공격을 이기고 부흥하고 승리하는 교회가 된 것은 기도하는 교회와 성도들이 있었기 때문입니다.

우리 인생은 죽는 날까지 문제와 고난이 있기에 복된 기도를 해야 합니다.

살아 있는 생명체에는 모두 적이 있듯이 우리 인생 속에도 천국가는 날까지 문제와 고난이 연속됩니다. 그래서 우리는 기도해야 합니다. 우리 주님이 시험에 들지 않게 깨어서 기도하라고 하셨습니다.

우리가 늘 기도해야 하지만 특별히 환난과 고난을 당할 때 더욱 부르짖어 기도해야 합니다. 어떤 고난과 시험도 기도로

다 이길 수 있습니다. 어떤 면에서는 고난과 고통은 기도하라는 신호입니다.

"환난 날에 나를 부르라 내가 너를 건지리니 네가 나를 영화롭게 하리로다."(시 50:15)

"일을 행하시는 여호와 그것을 만들며 성취하시는 여호와 그의 이름을 여호와라 하는 이가 이와 같이 이르시도다, 너는 내게 부르짖으라 내가 네게 응답하겠고 네가 알지 못하는 크고 은밀한 일을 네게 보이리라."(렘 33:2-3)

'데브라 윌슨'(Debra Wilson)은 미국에서 인기 있는 코미디 배우이자 어린이들에게 가장 사랑받고 긍정적인 메시지를 전하는 강사입니다. 그러나 데브라의 어린 시절은 낮은 자존감과 자기 혐오감으로 얼룩져 있었습니다.

그녀는 야뇨증을 앓았는데, 스스로 생각할 때 너무나 수치스러운 병으로 여겼습니다. 자신이 가족들을 비롯한 모두에게 피해를 주는 존재라고 생각이 들자 세상에 의미 있는 일이 하나도 없었고, 삶의 희망을 잃고 11살 때 자살을 시도하기도 했었습니다. 대학에 들어가자 상황은 더 심각해져 방황하며 마약까지 손을 댔고 밤만 되면 외로움을 달래러 거리로 나가서 아무 남자나 만났습니다.

그러던 어느 날, 거리에서 강도를 만났는데 강도가 자신을 죽인다면 차라리 마음이 더욱 편안해질 것만 같은 느낌을 받았습니다. 그러나 강도는 돈만 빼앗았고 그냥 가버렸습니다. 혼자 남겨진 그녀는 그밤에 성령의 감동을 받고 자신의 인생에 책임을 져야 한다는 사실을 깨닫게 됩니다. 그녀는 무릎을 꿇고 하나님께 기도했습니다.

"하나님 도와주세요. 하나님께 내 모든 것을 맡깁니다." 그때 그녀에게 하나님의 은혜가 임했고 성령이 역사했습니다. 그녀는 새 힘을 얻었고 자신감과 용기를 얻었습니다. 그리고 자신의 모든 것을 하나님께 맡겼습니다. 그리고 자신의 영성을 회복하기 위해 끊임없이 기도에 힘을 쏟고 자신의 삶의 목적을 알기 위해 노력했습니다. 자신의 잘못된 자아상을 내려놓자 그녀의 삶이 변화 됐습니다. 하나님의 도우심이 느껴졌고 인생이 180도 달라졌습니다. 자신의 모든 것이 하나님의 은총인 것을 깨닫게 되었습니다.

그 이후 그녀의 삶은 많은 사람들에게 즐거움과 긍정의 메시지를 주게 되었고 자신의 삶을 감사함으로 살며 모든 사람들에게 기쁨을 주는 코미디언이 되었습니다.

이처럼 하나님께 부르짖고 기도하면 어떤 어려운 문제도 해결해주시고 해결할 수 있는 비밀과 지혜를 주십니다.

민수기 16장을 보면 고라와 250명이 당을 짓고 반란을 일으켜 모세를 대적합니다.

"그들이 모여서 모세와 아론을 거슬러 그들에게 이르되 너희가 분수에 지나도다 회중이 다 각각 거룩하고 여호와께서도 그들 중에 계시거늘 너희가 어찌하여 여호와의 총회 위에 스스로 높이느냐."(민 16:3)

여기에 모세가 변명하거나 싸우지 않고 모세는 듣고 엎드렸습니다.(민16:4) 모세가 엎드려 하나님께 기도했다는 것입니다. 모세가 기도할 때 하나님이 땅이 갈라지게 해서 그들을 모두 집어삼키게 하셨습니다.

사무엘상 1장을 보면 '한나'라는 여인은 아이를 낳지 못하여 남편이 둘째 부인을 얻게 되었고 둘째부인 '브닌나'는 아기를 갖자 한나를 멸시하면서 그를 심히 격분하게 하여 괴롭게 했습니다.(삼상 1:6)

그러나 그런 수모를 당해도 남편을 원망하지도 않고 둘째 부인 브닌나와 싸우지도 않고 원통하고 분한 마음을 하나님께 물 쏟듯이 쏟아 놓으며 미친듯이 기도했더니 하나님이 위대한 하나님의 종 사무엘을 주셨습니다.

한나는 복된 믿음의 기도를 드렸습니다. 복된 기도를 하고 나서는 얼굴에 다시는 근심 빛이 없게 되었습니다.(삼상 1:18) 아들을 낳은 후에 젖을 떼자마자 성전으로 보내서 하나님께 서원한대로 바쳤습니다.

이사야 38장에는 히스기야 왕이 병들어 죽게 되었을 때 이사야 선지자가 찾아와서 "너는 네 집에 유언하라 네가 죽고 살지 못하리라"하는 사형선고를 받고 히스기야는 의사를 부른것도 아니요, 신하들을 불러서 의논하지 않았습니다. 얼굴은 벽을 향하여 바라보고 온 맘과 정성을 다하여 하나님께 간절히 부르짖어 기도했습니다. 그랬더니 하나님께서 "내가 네 기도를 들었고 네 눈물을 보았노라"하시며 생명을 15년 연장 시켜주시고 강대국 앗수르 군대의 침략을 물리쳐 주셨습니다. 히스기야가 얼마나 슬피 울며 기도했는지 "나는 제비 같이 학 같이 지저귀며 비둘기같이 슬피 울며 내 눈이 쇠하도록 앙망하나이다"라고 했습니다.(사38:14) 이사야 선지자가 무화과 반죽을 가져다가 등에 붙이라고 해서 시키는 대로 했더니 암 덩어리로 썩어 들어가던 등이 깨끗이 나았습니다.

기도에는 불가능이 없고 절망이 없습니다. 역대하 20장을 보면 여호사밧 왕은 믿음의 사람이요 기도의 사람입니다. 그런데 어느 날 모압, 암몬, 마온 사람들이 연합군을 이루어 쳐들어 왔습니다. 그때 여호사밧 왕은 애절하게 기도합니다.

"우리 하나님이여 그들을 징벌하지 아니하시나이까 우리를 치러 오는 이 큰 무리를 우리가 대적할 능력이 없고 어떻게 할 줄도 알지 못하옵고 오직 주만 바라보나이다."(대하 20:12)

온 백성들과 함께 금식하며 기도할 때 대적 연합군은 자기들끼리 서로 치고 받고 찌르고 싸우다가 자멸했습니다.

"유다 사람이 들 망대에 이르러 그 무리를 본즉 땅에 엎드러진 시체들뿐이요 한 사람도 피한 자가 없는지라."(대하 20:24)

하나님의 해결 방법은 우리가 예측할 수 없습니다. 승전한 후에 많은 재물과 의복과 보물을 가져왔습니다. 우리가 시험을 이기고 나면 큰 상급(축복)이 따라옵니다.

역대하 14장에 아사왕 때에도 구스나라 세라 장군이 100만 대군과 병거 300승을 몰고 쳐들어 왔습니다. 이때 아사왕이 기도하기를 "아사가 그의 하나님 여호와께 부르짖어 이르되 여호와여 힘이 강한 자와 약한 자 사이에는 주밖에 도와 줄 이가 없사오니 우리 하나님 여호와여 우리를 도우소서 우리가 주를 의지하오며 주의 이름을 의탁하옵고 이 많은 무리를 치러 왔나이다 여호와여 주는 우리 하나님이시오니 원하건대 사람이 주를 이기지 못하게 하옵소서."(대하 14:11)라고 간절히 기도했더니, "여호와께서 구스 사람들을 아사와 유다 사람들 앞에서 치시니 구스 사람들이 도망하는지라"(대하 14:12)고 했고, "아사와 그와 함께 한 백성이 구스 사람들을 추격하여 그랄까지 이르매 이에 구스 사람들이 엎드러지고 살아 남은 자가 없었으니 이는 여호와 앞에서와 그의 군대 앞에서 패망하였음이라 노략한 물건이 매우 많았더라"고 했습니다.(대하14:13) 오늘날도 하나님은 살아계시고 기도에 응답해 주십니다.

에스더는 바사 나라의 포로생활을 하던 외국인이었지만 하나님의 은혜로 '바사 제국의 아하수에로 왕의 왕후가 되었습니다. 그러나 왕 다음으로 높은 사람 하만의 간계로 하루아침에 온 유대인들이 멸망당하게 생겼을 때 "모르드개가 그를 시켜 에스더에게 회답하되 너는 왕궁에 있으니 모든 유다인 중에 홀로 목숨을 건지리라 생각하지 말라, 이 때에 네가 만일 잠잠하여 말이 없으면 유다인은 다른 데로 말미암아 놓임과 구원을 얻으려니와 너와 네 아버지 집은 멸망하리라 네가 왕후의 자리를 얻은 것이 이때를 위함이 아닌지 누가 알겠느냐"(에 4:13-14)라는 말을 듣고 목숨 걸고 금식하며 기도하여 자기 민족을 구원해 냈습니다. 복된 기도는 고난과 위기에서 나를 건져 냅니다.

2001년 9월 11일 발생한 미국 뉴욕의 110층 세계무역센터 쌍둥이 빌딩이 테러로 한 순간에 무너져 내려 수천 명이 죽는 안타까운 일이 일어났습니다. 그 현장을 그다음 해에 방문하게 되었습니다. 테러 현장에 수많은 가족을 잃은 슬픔으로 그리워하는 편지와 카드들을 보면서 너무너무 안타까워서 눈물을 흘렸습니다.

그런데 그 테러 당시 소방대원들이 너무너무 수고하고 많은 사람들을 구하다가 죽기도 했습니다. 구조를 하면서 우연히 한 여인의 손이 잘려져 나간 채 손에 무언가를 꼭 쥐고 있는 것을 발견했습니다.

그래서 구조대원들이 그 손을 펴 보니까 그 속에 어린 아기의 손이 있었습니다. 애기 엄마는 마지막 순간까지 사랑하는 아기의 손을 놓을 수가 없었던 것입니다. 여러분은 도대체 무엇을 붙들고 인생을 살아가십니까? 여러분 인생에 무엇이 가장 소중합니까? 그것은 기도입니다. 복된 기도입니다.

3만 명이 넘는 학생이 있는 우리 교단의 대학인 백석대학을 세우신 장종현 설립자님이 천안 백석대학에서 총회를 하면서 설교 중에 이런 간증을 하셨습니다.

젊은 날에 설립자님이 힘들고 어려울 때마다 담임 목사님을 찾아가면 그때마다 사람을 의지하지 말고 하나님만 바라보고 하나님께 구하라고 하셨답니다.

그래서 학교를 세우고 운영하면서 수많은 위기와 고난이

있었지만, 담임 목사님의 말씀을 기억하면서 오직 하나님만 바라보고 기도할 때 하나님께서 이렇게 축복해 주셨다고 간증하셨습니다.

기도가 중요합니다. 기도가 복입니다. 기도하면 승리하는 삶을 살고 잘되고 잘못된 것도 바로 잡아주시고 복된 인생을 살게 됩니다. 복된 기도로 응답과 축복을 경험하게 되기를 바랍니다.

복된 영상

사람은 평상시 살아가면서 무슨 생각을 하며 또 마음에 무슨 영상을 그리며 살아가느냐에 따라서 그 사람의 운명이 좌우된다고 해도 과언이 아닙니다.

'랄프 왈도 에머슨'(Ralph Waldo Emerson, 미국 시인, 사상가) – "하루 종일 그가 생각하고 있는 것이 그 사람의 정체다. 그 사람의 모습이다."

창조적이고 긍정적인 복된 영상을 그리며 살아가는 사람은 성공적인 인생이 될 것이고 파괴적이고 부정적인 영상을 그리며 사는 사람은 패배적이고 실패하는 인생을 살 수밖에 없습니다.

특별히 인생을 살면서 어려운 환경과 상황에 처하게 되고, 감당 못 할 환난과 고난이 겹칠 때 그만 부정적인 생각을 하게 되고 패배적인 영상을 그리게 됩니다. "내 인생은 이제 끝났어. 방법이 없어."라고 하는 사람은 불안과 공포에 짓눌려서 "네 인생은 이제 끝났어. 이제 모든 것을 포기하고 깨끗하게 스스로 목숨을 끊고 끝내라."고 하는 마귀의 음성을 듣게 되는 것입니다. 그러므로 어떤 환난과 역경 속에서도 능치 못하심이 없는 전능하신 하나님을 바라보며 긍정적이고 복된 영상을 그리며 하나님을 의지해야 합니다.

사실 하나님을 의지하고 하나님과 함께하는 사람에게는 결코 절망이란 있을 수가 없습니다. 더욱 구원받고 천국을 소유한 사람은 언제 죽어도 천국을 바라보기 때문에 절망은 있을 수가 없습니다. 영원히 긍정적인 복된 영상을 가질 수밖에 없다는 것입니다. 그러므로 세상을 살아갈 때 어떤 환란과 역경과 고통 속에서도 부정적이고 파괴적인 영상을 결코 가져서는 안 됩니다.

"믿음은 바라는 것들의 실상이요 보이지 않는 것들의 증거니."(히 11:1)

믿음이란 손에 잡히는 것이 없고 눈에 보이는 것이 없어도 이미 눈으로 보고 손으로 잡은 것 같이 구체적인 영상을 그리며 나아가는 것입니다. 믿음의 조상 아브라함의 목자들과 조카 롯의 목자들이 자기의 소떼와 양떼들에게 좋은 꼴을 먹이려고 싸웁니다. 아브라함이 조카 롯을 불러서 "너와 나는 골육 친지인데 싸우면 되겠느냐, 네가 우하면 내가 좌하고 네가 좌하면 나는 우하리라"고 말합니다. 그랬더니 조카 롯이 배은망덕하게 기름지고 좋은 땅인 요단들로 소떼와 양떼를 이끌고 가버렸습니다. 그때 아브라함이 불안한 마음과 배신감을 가지고 낙심 가운데 메마른 땅을 바라보고 있을 때 하나님께서 나타나셔서 말씀하셨습니다.

"너는 눈을 들어 너 있는 곳에서 북쪽과 남쪽 그리고 동쪽과 서쪽을 바라보라, 보이는 땅을 내가 너와 네 자손에게 주리니 영원히 이르리라."(창 13:14-15)

하나님은 약속하신 가나안땅을 주시기 전에 아브라함의 믿음의 눈을 열어서 아브라함과 그 자손에게 주리라 한 땅을 미리 보여주시고 주시겠다고 하신 것입니다. 하나님은 아브라함에게 동서남북을 바라보게 하시고 "네가 가야 할 땅은 그 땅이 아니라 가나안 땅이다. 그 땅을 바라보아라. 네가 마음에 믿음의 실상을 그리면 하나님이 주시겠다”는 말씀입니다.

긍정적인 사고방식과 적극적인 사고방식의 창시자인 ‘노만 빈센트 필’(Norman Vincent Peale)박사는 “인생의 어떤 목표를 이루기 위해서는 3가지가 필요하다”고 말했습니다.

첫째, 마음에 영상을 그리라
둘째, 뜨겁게 기도하라
셋째, 실현하라 (최선을 다해 노력하라)

내가 어떤 사람이 되기 전에 마음에 그렇게 된 복된 영상을 그리고 지워지지 않게 하라는 것입니다. 긍정적이고 성공적인 복된 영상을 그리는 사람은 성공하고, 부정적이고 어두운 영상을 그리는 사람은 패배자가 됩니다. 마음속에 복된 영상을 그리고 나갈 때 그렇게 성취되는 것입니다.

인생에 어려움이 있다고 쉽게 포기하거나 절망하면 안 됩니다. 영국의 ‘윈스턴 처칠’(Winston Churchil) 수상은 모교에서 졸업 연설을 하면서 마지막에 "결코 포기하지 마시오."(Never give up)를 3번이나 되풀이해서 외쳤다고 합니다.

> "내가 두려워하는 그것이 내게 임하고 내가 무서워하는 그것이 내 몸에 미쳤구나."(욥 3:25)

욥이 왜 어려움과 불행을 겪게 되었는지 잘 설명해 줍니다. 욥은 자신에게 이런 불행이 닥쳐올 것을 이미 마음속에 생각하고 두려워했던 것을 볼 수 있습니다. 마음속에 그린대로 된 것입니다. 상상하고 바라보고 그린 영상이 현실에 이루어진 것입니다.

한 젊은 부인이 울면서 목사님을 찾아와서 하소연했습니다. 자기 남편이 바람이 나서 집에 잘 들어오지도 않더니 어제는 이혼장에 도장을 찍으라고 했다는 것입니다. 그래서 목사님께 어떻게 하면 좋을지 상담을 해왔습니다. 목사님은 기도를 해주고 3개월 후에 도장을 찍자고 말한 다음에 남편이 바람 나서 집에 들어오지 않았지만, 이제부터는 집에 들어와 의자에 앉아서 신문을 보고 TV를 보고 침대 옆에 누워서 함께 잠자는 모습을 그리며 날마다 기도하라고 했습니다.

이 부인은 목사님이 시키는 대로 모든 것을 하나님께 맡기고 정말로 남편이 집으로 돌아와 옆에서 신문을 보고 TV를 보고 침대에서 자기 옆에 누워 잠자는 모습을 상상하고 바라보며 기도했습니다. 그런 후 두 달이 지났을 때 갑자기 집에 들어오더니 완전히 돌아왔습니다. 3개월이 되는 날 이혼장을 내놓고 도장 찍자고 하니까 잘못했다며 예수도 믿고 성실한 사람이 되었다고 한다.

마음에 긍정적인 복된 영상을 그리느냐 아니면 부정적인 어두운 영상을 그리느냐 하는 것은 대단히 중요한 것입니다.

'로버트 슐러'(Robert Schuller, 긍정적인 사고방식의 저자) – "하나님께서 우리 인간에게 주신 놀라운 선물중에 하나가 상상력이다."

마귀는 우리에게 끊임없이 부정적인 영상을 가지게 하고 불안과 공포를 가져다줍니다. 그러나 우리 성도들은 마귀는 언제나 거짓말로 사람을 속여서 비극에 빠지게 만드는 계략을 알고 그런 나쁜 영상을 하나님의 말씀과 기도로 찢어버리고 지워버려야 합니다. 복된 영상을 그리며 인생에 다가오는 온갖 장애물과 환난과 고난을 두려워하지 말고 별것 아닌 것으로 여겨야 합니다.

우리들이 근심하고 염려하는 것들의 50%는 이미 지나간 과거의 일이고 40%는 앞으로 어떻게 될지 두고 봐야 할 일에 대한 공연한 근심 걱정을 두려워하는 것이고 오직 10%만이 지금 현재 일어난 일 때문에 불안해하고 두려워한다는 것입니다.

"그러므로 내일 일을 위하여 염려하지 말라 내일 일은 내일이 염려할 것이요."(마 6:34)

"너희 염려를 다 주께 맡기라 이는 그가 너희를 돌보심이라."(벧전 5:7)

전능하시고 살아계신 하나님의 말씀을 믿고 불가능을 가능케 하는 기도의 무기를 가지고 있는 한, 마귀가 주는 부정적이고 패배적인 영상을 마음속에서 지워버리고 창조적이고 성공적인 복된 영상을 그리며 나가야 됩니다. 우리의 복된 영상을 현실로 이루어지게 하려면 몇 가지 해야 할 일이 있습니다.

분명한 목표와 뜨거운 소원을 가져야 합니다.

"너는 눈을 들어 너 있는 곳에서 북쪽과 남쪽 그리고 동쪽과 서쪽을 바라보라, 보이는 땅을 내가 너와 네 자손에게 주리니 영원히 이르리라."(창 13:14-15)

"믿음은 바라는 것들의 실상이요 보이지 않는 것들의 증거니."(히 11:1)

분명하고 구체적인 목표를 세우고 그것을 이루어 내기위해서 자신을 불태우는 뜨거운 소원을 가져야 합니다. 하나님께서 아브라함에게 동서남북을 바라보라고 하신 것은 분명한 목표를 가지고 뜨거운 소원을 가지라는 것입니다. "네가 가야할 곳은 눈에 보이는 화려한 땅이 아니라 내가 너에게 준다고 한 땅은 가나안 땅이다"라는 것입니다. 분명한 목적지를 알라는 것입니다.

'나폴레온 힐'(Napoleon Hill, 미국 작가, 성공학자) - "목표를 이루기 위해서는 불타는 소원을 가져라."

성공하는 사람은 대개 뜨거운 소원을 가지고 있습니다. 불타는 소원을 가진 사람은 시간을 낭비하지 않고 열심히 노력하며 최선을 다해 목표를 달성하고 결국 성공합니다.

세계 최고의 명품인 로렉스 시계를 모르는 사람은 아마도 없을 것입니다. 로렉스 시계를 만든 '한스 윌스도르프'는 처음부터 "나는 세계 최고의 시계를 만들 것이다"라는 꿈과 소원을 마음에 가지고 있었습니다.

그는 자신의 소원을 이루기 위해 부지런히 연구하고 개발하여 드디어 세계적인 시계를 만들어 냈습니다. 간절한 소원을 가지고 노력하는 사람만이 그 소원을 이룰 수 있습니다.

내가 분명한 목표를 세우고 마음속에 복된 영상을 그리고 뜨거운 소원을 가지고 부르짖어 기도하며 나아갈 때 반드시 이루어지는 역사가 일어납니다.

"네 마음의 소원대로 허락하시고 네 모든 계획을 이루어 주시기를 원하노라."(시 20:4)

수영으로 영국 해협을 왕복으로 건넌 최초의 여성인 '플로렌스 채드윅'은 1952년 미국 독립 기념일인 7월 4일 캘리포니아 해안에서

35Km나 떨어진 카타리나 섬에서 본토까지 수영에 도전했습니다. 무려 16시간 정도를 먹지 않고 마시지 않고 쉬지 않고 수영을 해야 하는 어려운 코스였습니다. 상어떼로 부터 그녀를 보호해 주는 배를 제외하면 그녀는 고독한 싸움을 포기하지 않고 해야만 했습니다.

날씨는 몹시 추웠고 해안에는 안개가 자욱하게 끼어 있었습니다. 그녀가 15시간 정도 수영하게 되었을 때 도중에 자기를 물에서 나가게 해달라고 호소하기 시작했습니다. 배에 타고 있던 그녀의 어머니는 거의 다 왔으니 조금만 견디면 된다고 그녀를 격려했지만, 육체와 정신적으로 탈진한 그녀는 수영을 중단하고 물에서 나와 배에 올라오자 해변이 불과 800미터 정도밖에 남지 않았다는 사실을 알았습니다.

다음날 기자회견에서 그녀는 "눈에 보이는 것은 자욱한 안개뿐이었어요. 만일 캘리포니아 해변이 보였더라면 저는 충분히 완주할 수 있었을 것입니다. 안개가 제 승리를 빼앗아 갔어요"라고 말했다. 그로부터 두 달 뒤에 '플로렌스'는 다시 도전했습니다. 이번에도 똑같이 짙은 안개가 시야를 가렸지만, 그녀는 상상을 통해 마음속에 자신의 목표를 그렸습니다.

강한 확신을 가지고 헤엄쳤고, 그녀는 저 안개 뒤편 어딘가에 육지가 있는 것을 상상을 하며 수영을 했다고 합니다. 그리하여 '플로렌스'는 '산타 카탈리나' 해협을 헤엄쳐서 건넨 최초의 여성이 됐습니다. 그것도 남자가 세운 기록을 두 시간이나 단축시키며 말입니다.

그녀는 이렇게 말했습니다. "이번에는 내가 목표 지점을 마음속으로 보고 있었기 때문에 끝까지 헤엄칠 수 있었습니다. 처음 도전했을 때 안개는 목표물만 가린 것이 아니었습니다. 그보다 먼저 최대 위기에서 할 수 있다는 믿음을 빼앗아 버렸고 이내 지독한 불안이 엄습한 것입니다" 플로렌스는 산타 카타리나 해협 횡단에 실패했지만, 이 실패로 그녀는 두 가지 비밀을 깨달았습니다. 첫 번째는 목표에 집중하는 것이고 두 번째는 목표를 상상하고 바라보는 것입니다.

우리의 비전을 이루기 위해서는 복된 영상을 가지고 목표에 집중해야 합니다. 비전을 향한 목표는 절대로 눈으로 볼 수 없고 보이지도 않습니다. 눈에 보이지 않는 목표 때문에 대부분의 사람들이 비전을 세워놓고 포기합니다. 눈에 보이지 않는다고 목표가 없는 것이 아닙니다.

세운 목표를 점점 구체화시키며 복된 영상을 그리십시오. 천천히 세부적으로 반복적으로 복된 영상을 그리고 상상하면서 집중하고 계속 집중하면 현실화 되고 성공하게 됩니다.

1000미터 달리기 선수나 42.195킬로미터를 달리는 마라톤 선수나 기록을 단축하고 완주하기 위해서 하는 트레이닝이 있습니다. 근력을 기르는 웨이트 트레이닝, 스피드를 기르는 스피드 트레이닝, 그리고 매우 중요한 것은 이미지 트레이닝입니다. 매 코스마다 자신의 뛰는 속도와 모습을 그리는 것입니다. 이때에 가장 중요한 것은 완주하는 모습을 마음속에 그리고 환호하는 관중들의 모습과 자랑스럽게 기다리는 코칭 스텝들 그리고 나를 기다리는 가족과 사랑하는 사람을 그리는 것입니다. 이러한 이미지 트레이닝은 결코 육체 훈련에 못지않은 좋은 결과를 가져오게 한다는 것입니다.

"그러나 내가 가는 길을 그가 아시나니 그가 나를 단련하신 후에는 내가 순금 같이 되어 나오리라."(욥 23:10)

"인내는 연단을, 연단은 소망을 이루는 줄 앎이로다."(롬 5:4)

그러므로 마음속에 복된 영상과 그림 그리고 분명한 목표와 뜨거운 소원을 위해 기도하며 최선을 다해 노력하므로 복된 인생을 만들어 가시기 바랍니다.

긍정적인 생각을 가져야 합니다.

"내가 네 자손이 땅의 티끌 같게 하리니 사람이 땅의 티끌을 능히 셀 수 있을진대 네 자손도 세리라."(창 13:16)

하나님께서 이 말씀을 하신 것은 "아브라함아 무엇이든지 마음속에 복된 영상을 가졌으면 긍정적인 생각을 가지고 살라"는 것입니다. 생각은 행동을 낳고 행동은 습관을 낳고 습관은 성품을 낳고 성품은 그 사람의 운명을 만듭니다. 상시 "무슨 생각을 어떻게 하느냐" 하는 것은 대단히 중요합니다.

마귀는 절망적이고 어두운 생각을 끊임없이 우리의 생각 속에 집어넣어서 어떤 때는 절망의 낭떠러지로 떨어지는 것 같은 느낌을 갖게 할 때가 있습니다. 하나님을 믿는 성도들은 그럴 때 빨리 믿음으로 그것을 떨쳐 버리고 주님을 바라봐야 합니다.

자동차를 운전할 때 자동차의 기어를 후진에 놓으면 자동차가 뒤로 가고 전진에 놓으면 자동차가 앞으로 갑니다. 인생을 살면서 이 생각을 바로 해야 합니다. 왜냐하면 사람은 자기가 생각한 대로 이루어지기 때문입니다.

"이는 내가 그의 옷에만 손을 대어도 구원을 받으리라 생각함일러라."(막 5:28)

열두해 동안 혈루증을 앓았던 여인은 예수님 옷자락에 손을 대기만 하면 나을 줄로 생각했습니다. 그녀는 그 믿음의 생각대로 깨끗이 치료 받았고 복된 인생을 살았습니다. 복된 영상 복된 생각으로 꿈을 이루고 복된 인생을 살 수 있기를 바랍니다.

긍정적인 말을 해야 합니다.

"너는 일어나 그 땅을 종과 횡으로 두루 다녀 보라 내가 그것을 네게 주리라."(창 13:17)

하나님은 지금 환경을 바라보고 부정적인 생각과 말을 하는 아브라함에게 매사에 긍정적으로 생각하고 말하라고 말씀하시는 것입니다.

"할 수 있거든이 무슨 말이냐 믿는 자에게는 능히 하지 못할 일이 없느니라."(막 9:23)

사람은 나쁜 환경을 보게 되면 마음속에 생각이나 입으로 나오는 말이 자기도 모르게 부정적으로 바뀝니다. 아브라함이 하나님의 약속을 까마득하게 잊고 자기 앞에 닥친 환경만 바라보고 부정적인 사람이 되었습니다. 우리도 내 인생이 좋지 않은 환경에 처하게 되면 절망하고 좌절하는 부정적인 사람으로 바뀝니다. 그러므로 특별히 긍정적인 말을 하는 습관을 가져야 합니다. 그래야 인생이 복되게 펼쳐지는 것입니다.

우리가 쓰는 말에는 성취력이 있습니다. 그래서 그 사람이 하는 말이 어떤 방향이냐에 따라서 그 사람이 복을 받을 수도 있고 저주를 받을 수도 있습니다. 성공할 수도 있고 실패자, 패배자가 될 수도 있습니다.

"네 입의 말로 네가 얽혔으며 네 입의 말로 인하여 잡히게 되었느니라."(잠 6:2)

"내가 너희에게 이르노니 사람이 무슨 무익한 말을 하든지 심판 날에 이에 대하여 심문을 받으리니, 네 말로 의롭다 함을 받고 네 말로 정죄함을 받으리라."(마 12:36-37)

불평이나 원망 대신에 감사와 칭찬의 말을 해야 합니다. 할 수 없다는 말 대신에 할 수 있다는 말을 해야 합니다. 큰일 났다는 말 대신에 문제 없다는 말을, 망했다는 말 대신에 잘 된다는 말을 해야 합니다.

"그러므로 생명을 사랑하고 좋은 날 보기를 원하는 자는 혀를 금하여 악한 말을 그치며 그 입술로 거짓을 말하지 말고."(벧전 3:10)

누에가 자기 입에서 나오는 명주실로 자기의 집을 짓고 그 안에 들어가 사는 것 같이 사람도 평상시 "긍정적인 말을 하느냐 저주받을 부정적인 말을 하느냐"에 따라서 그의 생애가 좋게도 되고 나쁘게도 될 수 있습니다. 믿음이 그 사람을 지배하지만 그 믿음이란 그 사람의 신앙고백을 뛰어넘을 수 없습니다.

"친히 나무에 달려 그 몸으로 우리 죄를 담당하셨으니 이는 우리로 죄에 대하여 죽고 의에 대하여 살게 하려하심이라 그가 채찍에 맞음으로 너희는 나음을 얻었나니."(벧전 2:24)

이 말씀처럼 예수님이 우리 영혼 구원을 위해서 십자가에서 피흘려 주신 것같이 채찍에 맞아 고통을 받으신 것은 우리의 질병과 연약함을 담당하신 것입니다. 이 말씀을 근거로 하여 병 낫기를 위하여 기도하고 그 다음에는 고침받은 복된 영상을 그리며 나아가야 합니다. 매일매일 복된 말을 하십시오. 여러분이 말하는 대로 다 이루어 질 것입니다. 복된 말을 해서 여러분의 인생이 복된 인생이 되시기를 바랍니다.

복된 영상을 그리는 기도를 해야 합니다.

"이에 아브람이 장막을 옮겨 헤브론에 있는 마므레 상수리 수풀에 이르러 거주하며 거기서 여호와를 위하여 제단을 쌓았더라."(창 13:18)

아브라함이 예배를 드렸다는 것은 아브라함이 기도했다는 것입니다. 불타는 소원으로 기도하고 나서 그 기도가 응답된 모습을 그리며 또 응답 받은 영상을 그리며 계속해서 끊임없이 기도해야 합니다.

"그러므로 내가 너희에게 말하노니 무엇이든지 기도하고 구하는 것은 받은 줄로 믿으라 그리하면 너희에게 그대로 되리라."(막 11:24)

'받을 것이다. 받을지도 모른다. 받을 수도 있다'가 아니라 '받은 줄로 믿으라'고 했습니다. 복된 영상을 그리면서 하는 기도는 이미 받은 줄 믿고 드리는 기도입니다.

2004년 아테나 올림픽에 나가서 금메달을 딴 유도 국가대표 선수인 이원희 선수는 "여러분 어떤 일을 할 수 있다고 말하고 생각하고 끊임없이 마음속에 상상하면서 기도하면서 나가면 자신감도 생기고 또 그렇게 됩니다. 어떤 일이나 나 자신이 문제입니다. 내가 할 수 있다고 굳게 믿으면 그렇게 꼭 이루어집니다. 저는 손가락 하나가 골절돼서 결코 결승에서 이길 수가 없었습니다. 어떻게 해야 되나 절망감이 왔습니다. 그날 밤 저는 살아계신 하나님께 밤새도록 도와달라고 기도를 했고, 내가 승리한 것을 상상하고 바라보았고 내가 바라본 대로 하나님은 나와 함께 하셔서 금메달을 따게 해 주셨습니다"라고 간증했습니다.

"일을 행하시는 여호와 그것을 만들며 성취하시는 여호와 그의 이름을 여호와라 하는 이가 이와 같이 이르시도다, 너는 내게 부르짖으라 내가 네게 응답하겠고 네가 알지 못하는 크고 은밀한 일을 네게 보이리라."(렘 33:2-3)

그러므로 불안하고 근심 걱정 거리가 생길 때마다 목숨 걸고 기도하면 반드시 응답해 주시고 또 내 생각대로 안 될 때가 있어도 간절히 기도하면 하나님께서 가장 좋은 방법으로 복된 결과를 주실 것입니다.

"너희 안에서 행하시는 이는 하나님이시니 자기의 기쁘신 뜻을 위하여 너희에게 소원을 두고 행하게 하시나니."(빌 2:13)

"또 여호와를 기뻐하라 그가 네 마음의 소원을(영상대로) 네게 이루어 주시리로다."(시 37:4)

가나안의 꿈과 영상을 가진 자에게는 홍해나 여리고성은 장애물이 아니라 복된 길일뿐입니다. 마음속에 그리는 복된 영상과 꿈이 복된 길을 만듭니다. 복된 영상과 꿈이 있는 백성이나 개인은 망하는 법이 없습니다.

 복된 영상을 가지고 분명한 목표와 뜨거운 소원을 가지고
매사에 긍정적으로 생각하고 말하고 복된 영상을 그리는 기
도를 하므로 복된 인생을 살아가시기를 바랍니다.

복된 권면

따뜻한 봄날에 유대인 랍비 한 사람이 베란다에서 따뜻한 햇볕을 즐기고 있었습니다. 갑자기 담벼락 밑에서 부스럭거리는 소리가 들려왔습니다. 무슨 일인가 궁금해서 아래를 내려다보았습니다. 그랬더니 누더기 같은 옷을 걸친 거지 한 사람이 등이 간지러운지 담벼락에 등을 대고서 비벼대고 있었습니다.

그 모습을 바라보던 랍비는 불쌍한 생각이 들었습니다. 그래서 그를 집안으로 불러서 깨끗하게 목욕을 시키고 새 옷으로 갈아 입혔습니다. 밥도 배불리 먹여서 보냈습니다.

다음 날, 랍비는 또다시 베란다에 나가서 시원한 봄바람을 즐기고 있었습니다. 그런데 랍비의 집 담벼락에서 어제보다 더 요란한 소리가 들려왔습니다. 그래서 고개를 들고 내려다보니까 이번에는 두 사람의 거지가 벽에 등을 비벼대고 있었습니다. 한 사람은 남자였고 또 한 사람은 여자였습니다. 아마도 두 사람은 부부인 것 같았습니다. 그러면서 계속해서 힐끔 힐끔 위를 쳐다보고 있었습니다. 아마도 어서 빨리 자비를 베풀어 달라고 하는 것 같았습니다.

그런데 랍비는 어제와는 달리 빗자루를 들고 나가서 사정없이 두 거지를 쫓아냈습니다. 뜻밖의 상황에 놀란 두 거지는 달아나면서 이상하다는 듯이 물었습니다. "어제의 거지는 씻겨주고 입혀주고 먹여 주시더니 우리도 똑같은 거지인데 왜 우리는 박대 하십니까?"

그러자 유대인 랍비는 이렇게 대답했습니다. "어제의 거지는 홀아비니까 아무도 등을 긁어 줄 사람이 없어서 담벼락에 등을 대고 긁었지만, 너희 둘은 서로 등을 긁어 줄 수 있지 않으냐? 그런데 왜 남의 담벼락에 와서 소란을 피우느냐?" 유대인의 지혜서인 탈무드에 나오는 이야기입니다.

이 이야기는 우리에게 무슨 교훈을 주고 있습니까? 사람은 일단 두 사람이 모이면 서로 도와주고 사랑해야 할 책임이 있다는 것입니다. 이 시대는 이와 정반대 현상이 일어나고 있습니다. 두 사람이 모이면 서로가 사랑하기보다 서로 헐뜯고 비난하는 경향이 있습니다. 안타까운 것은 하나님을 믿는 신령한 영적인 성도들이 모여 있는 교회 안에서도 똑같은 현상을 보게 됩니다. 신앙생활을 하면서도 인간관계 때문에 마음 속에 상처를 입을 때가 얼마나 많이 있습니까?

서로가 사랑하고 이해하기보다는 작은 일을 가지고도 미움과 불신으로 서로 반목질시하고 상처를 입혀서 교회를 떠나는 일도 생깁니다. 오늘날의 교회뿐만 아니라 성경에 나오는 갈라디아 교회도 마찬가지였습니다. 갈라디아교회 성도들 가운데서 육신이 연약하여 믿음의 길에서 벗어나서 잘못을 저지르는 사람들이 있었습니다.

그때 믿음이 약한 그들을 감싸주고 이해해 주기보다는 따지고 정죄하고 오히려 짓밟았습니다. 그래서 사람들의 마음 속에는 깊은 상처가 생기게 되고 미움과 불신의 높은 벽이 생기게 되었습니다.

사도 바울은 미움과 불신으로 가득 찬 갈라디아 교회의 안타까운 모습을 바라보고 간곡하게 권면합니다.

"형제들아 사람이 만일 무슨 범죄 한 일이 드러나거든 신령한 너희는 온유한 심령으로 그러한 자를 바로잡고 너 자신을 살펴보아 너도 시험을 받을까 두려워하라." (갈6:1)

사도 바울은 성도가 인생을 살고 신앙생활을 하면서 꼭 명심해야 할 것 세 가지를 권면합니다.

사도 바울은 온유한 심령을 가지라고 권면합니다.

"형제들아 사람이 만일 무슨 범죄 한 일이 드러나거든 신령한 너희는 온유한 심령으로."(갈6:1)

'온유한 심령으로'은 헬라어로 [프라위테스 프뉴마 엔]입니다. '온유'는 헬라어 [프라위테스]이고 '친절', '겸손', '동정심'이라는 뜻입니다. '심령'은 헬라어 [프뉴마 엔]으로 '호흡', '생명', '성령'과 함께라는 뜻입니다. 그러니까 사람이 숨 쉬듯이 온유한 마음으로 은혜를 베풀고 생명 있는 온유한 마음, 성령과 함께하는 마음으로 하라는 말입니다. 미움과 불신을 보여주지 말라는 것입니다. 강퍅한 마음을 가지지 말고 거짓된 생명 없는 마음으로 하지 말고 부드럽고 따뜻한 마음으로 감싸 주라는 것입니다.

비록 내 마음에 상처를 주는 사람이 공동체 안이나 삶 가운데 있다 할지라도 따뜻하고 부드러운 마음과 온유한 심령 그리고 진실한 심령으로 상대방을 이해해 주고 감싸줄 줄 아는 사람이 되어야 한다는 것입니다.

요한복음 8장을 보면 한번은 바리새인과 서기관들이 간음하다가 현장에서 붙잡힌 여인을 끌고 예수님 앞으로 왔습니다. 그들은 살기등등한 모습으로 예수님께 따지듯 물었습니다. "예수 선생이여 모세의 율법에 의하면 간음하다가 잡힌 여인은 돌로 쳐 죽이라고 했는데, 선생님은 어떻게 하시겠습니까?" 예수님은 아무 말씀도 하지 않으시고 그저 앉아서 땅바닥에 손가락으로 무엇인가를 쓰고 계셨습니다. 어떤 성경 사본에는 "예수님께서 정죄하는 자들이 돌에 맞아죽어 마땅한 죄목들을 기록하셨다"라고 기록되어 있습니다.

무슨 뜻입니까? 바로 "너희들이 돌에 맞아 죽어야 마땅한 죄인들이 아니더냐? 단지 너희들은 죄는 드러나지 아니하고 이 여자의 죄는 드러난 그 차이 밖에 더 있느냐? 그럼에도 불구하고 너희들은 저 불쌍한 여인을 죽이려고 하는구나"

그러나 바리새인들과 서기관들은 깨닫지를 못했습니다. 그들은 계속해서 예수님의 대답을 재촉했습니다. 그러자 예수님께서 입을 열어 말씀하셨습니다. "너희 중에 죄 없는 자가 먼저 돌로 치라"(요8:7)

그리고 예수님은 고개를 숙이고 땅바닥에 또 무엇인가를 쓰셨습니다. 그제서야 그들은 양심의 가책을 받고 한 사람 두 사람씩 그 자리를 떠나버리고 그 여인과 예수님만 남게 되었습니다. 예수님은 고개를 들어 그 여인을 바라보며 "여자여 너를 정죄하던 자들이 다 어디에 있느냐?" 여인이 대답했습니다. "주여 아무도 없나이다" 그때 예수님께서 말씀하십니다. "나도 너를 정죄하지 아니하노니 가서 다시는 죄를 범하지 말라"(요8:11)

참으로 꺼져가는 심지도 끄지 아니하시고 상한 갈대도 꺽지 아니하시는 온유하신 예수님의 모습입니다. 예수님을 믿고 따르는 신령한 우리들도 예수님이 가지셨던 온유한 성품을 가져야 합니다.

"누가 누구에게 불평거리가 있더라도 서로 용납하고 서로 용서해 주십시오. 주께서 여러분을 용서하신 것같이 여러분도 그렇게 하십시오, 그리고 이 모든 것 위에 사랑을 더하십시오. 사랑은 온전하게 묶는 띠입니다."(골3:13-14, 우리말 성경)

자신에 대한 강한 신뢰와 강한 의지를 가졌고 탁월한 지혜와 총명을 소유해서 자기가 무엇을 한다고 한번 마음만 먹으면 못할 일이 없다는 생각 속에 사로잡혀 사는 한 청년이 있었습니다. 그렇게 자신만만한 패기 있는 청년이 장래의 출세를 위해 군대에 장교로 입대했습니다. 그러나 그는 매사에 너무 자만하고 너무 똑똑한 척하고 너무 완벽하려고 해서 무엇인가 도전을 해 보기도 전에 많은 사람으로부터 항상 미움을 받았고 직장에서도 쫓겨나게 되었습니다.

크게 실망한 그는 모든 꿈을 접고 농촌에 가서 농사를 지으면서 지냈습니다. 청년은 농촌의 환경에 적응하면서 자신도 모르는 사이에 깨지고 부서지고 겸손해지고 온유해졌습니다.

그때 마침 남북전쟁이 일어났습니다. 가만히 있을 수가 없어서 다시 이제는 장교가 아닌 사병으로 입대했습니다. 입대 후 사병으로 들어가서 고생을 하면서 더 온유함과 겸손과 순종을 배우고 익혔습니다. 그는 점점 많은 사람으로부터 존경과 인정을 받게 되었고 그에 대한 점점 좋은 소문이 퍼졌습니다.

그로 인해 장교가 되었고 또 계급이 올라가서 마침내 그의 인품과 온유함과 인격이 링컨 대통령에게 알려져서 국방부장관으로 임명되었습니다. 이제 그는 어디로 가든지 누구 앞에 있든지 항상 온유했고 겸손했고 인정받는 사람이 되었습니다. 훗날 겸손하고 온유하여 많은 사람에게 인정을 받게 된 그는 18대 대통령으로 당선되는 영광을 누리게 되었습니다. 그가 바로 '그랜트'(Ulysses S. Grant)장군입니다.

"서로 겸손으로 허리를 동이라 하나님은 교만한 자를 대적하시되 겸손한 자들에게는 은혜를 주시느니라, 그러므로 하나님의 능하신 손 아래에서 겸손하라 때가 되면 너희를 높이시리라."(벧전5:5-6)

우리에게 잔잔한 여운을 남기는 이 이야기는 지금까지 무심코 살아왔던 우리들의 삶을 다시한번 생각해 보게 만듭니다. 온유함과 겸손함에서부터 다시 시작하라는 하나님의 음성이 들리지 않으십니까?

예수 그리스도를 믿고 따르는 신령한 성도는 예수님의 온유와 겸손한 성품을 가져야 합니다. 비록 다른 사람들이 내게 상처를 주고 내 마음을 아프게 한다 할지라도 우리는 바리새인과 서기관처럼 강퍅한 마음을 갖지 말고 우리 주님처럼 따뜻하고 부드러운 마음을 가지고 감싸줄 수 있는 온유한 사람들이 되시기 바랍니다.

사도 바울은 말로 실수하는 바로 잡아주라고 권면합니다.

"형제들아 사람이 만일 무슨 범죄 한 일이 드러나거든 신령한 너희는 온유한 심령으로 그러한 자를 바로잡고."(갈6:1)

"그러한 자를 바로잡고"에서 "바로잡고"는 헬라어 '카타르티조'로 그 의미는 '준비시켜라', '회복시켜라', '완전하게 하라'는 뜻이다. 말로 실수하고 잘못한 사람일지라도 따지고 정죄하고 멸시하거나 짓밟지 말라는 것입니다. 그런 사람일수록 잘 도와주어서 정상적인 사람이 되도록 준비시키고 다시 회복되도록 완전히 바로잡아주라는 것입니다.

비록 내 마음에 상처를 준 사람일지라도 "왜 이 사람이 그렇게 했을까?" 이해하려고 노력하고 그 사람의 짐을 나누어 지면서 바로 잡아주고 세워 줄 줄 아는 사람이 되어야 한다는 것입니다. 그럴 때 하나님이 우리를 보시고 기뻐하시고 은혜를 베푸십니다.

사도 바울은 그러한 자들을 멸시하고 천대하고 정죄하거나 따지고 짓밟지 말고 잘 도와서 바로 잡아주라는 것이다. 그러면서 사도 바울은 다음과 같이 구체적인 방법을 가르쳐 줍니다. "너희가 짐을 서로지라 그리하여 그리스도의 법을 성취하라"(갈6:2) 우리가 서로 짐을 져야 합니다. 그렇게 해서 그리스도의 법 즉 그리스도의 사랑의을 성취해야 합니다.

우리 하나님께서 우리를 사랑하실 때 어떻게 사랑하셨습니까? 저 하늘나라에서 가만히 앉아계시면서 우리를 내려다보고 사랑하신 것이 아닙니다. 하나님께서는 우리와 똑같은 육신의 몸을 입으시고 이 땅에 오셨습니다. 그리고 감당하기 어려운 저 십자가의 짐을 친히 져 주셨습니다.

그러므로 이와 같은 모습으로 우리들도 성도끼리 서로의 고통의 짐을 함께 나누어 질 줄 알아야 된다는 것입니다. 그렇게 함으로써 상처받고 비틀거리는 우리의 형제자매들을 우리가 바로 잡아 줄 수가 있게 됩니다.

미국 뉴욕대학을 졸업하고 뉴욕의 치안 판사가 된 '라과디아'(Fiorello La Guardia)라는 성자와 같은 유명한 판사가 있었습니다. 어느 겨울날 한 노인이 절도죄로 잡혀 왔습니다. 나흘을 굶고 배가 고파서 식료품 가게에 들어가 빵을 훔치다 잡혀왔습니다. 빵값은 10달러 정도였습니다. 라과디아 판사는 그 노인에게 "왜 빵을 훔쳤습니까?"라고 묻자 노인은 벌벌 떨면서 "사흘을 굶었더니 너무 배가 고파서 나도 모르게 그랬습니다. 잘못했습니다"라고 눈물을 흘렸습니다. 그 노인의 말을 들은 라과디아 판사는 단호하게 10달러의 벌금을 선고했습니다. 그러나 그 노인에게는 그만한 돈이 없었습니다.

그러자 라과디아 판사가 다시 판결을 내렸습니다. "이 노인이 이렇게 어려운 삶을 살게 된 데에는 이 비정한 도시에 사는 우리가 가난한 사람을 돌보지 않은 죄가 있습니다. 그래서 저는 먼저 이 잘못에 대해 나 자신에게 벌금 10달러를 선고합니다. 그리고 이 법정에 온 모든 참석자도 함께 잘못을 저질렀으므로 각기 5센트의 벌금을 선고합니다"

그리고는 모자를 돌렸더니 그 누구도 군말 없이 벌금을 냈습니다. 모은 돈이 57달러 50센트였습니다. 라과디아 판사는 모은 돈에서 10달러를 벌금으로 납부하고 나머지를 그 노인에게 주었습니다. 라과디아 판사는, 강직함과 인간미로 그 당시 뉴욕 시민들에게 존경받고 사랑받는 뉴욕시장이 되었고 그의 사랑을 기리며 뉴욕공항 이름을 라과디아 공항으로 바꾸고 동상을 세웠습니다.

"피차 사랑의 빚 외에는 아무에게든지 아무 빚도 지지 말라 남을 사랑하는 자는 율법을 다 이루었느니라."(롬13:8)

우리 예수님께서는 우리의 모든 죄를 대신 지시고 십자가의 무거운 짐을 지셨습니다. 그렇다면 예수님을 믿고 따르는 신령한 우리들도 예수님을 본받아서 우리 형제자매들의 짐을 함께 나누어 질 줄 아는 성도가 되어야 합니다. 그들을 하나님의 말씀과 기도로 바로 잡아 줄 수 있는 온유한 성도가 되시기 바랍니다.

사도 바울은 자신을 돌아보고 너도 시험에 들을까 조심하라고 권면합니다.

"너 자신을 살펴보아 너도 시험을 받을까 두려워하라."(갈 6:1b)

"어찌하여 형제의 눈 속에 있는 티는 보고 네 눈 속에 있는 들보는 깨닫지못하느냐, 너는 네 눈 속에 있는 들보를 보지 못하면서 어찌하여 형제에게 말하기를 형제여 나로 네 눈 속에 있는 티를 빼게 하라 할 수 있느냐 외식하는 자여 먼저 네 눈 속에서 들보를 빼라 그 후에야 네가 밝히 보고 형제의 눈 속에 있는 티를 빼리라."(눅6:41-42)

예수님의 이 말씀은 형제의 눈 속에 있는 티를 뽑으려고 애쓰지 말고 자기 눈 속에 있는 들보를 뽑아 버리라는 것입니다. 형제의 눈 속에 있는 티를 찾아내는 것이 중요한 것이 아닙니다. "내 눈 속에 들보가 없는가?" 이것을 먼저 살펴봐야 합니다. 자신을 돌아보아 "너도 시험을 받을까 두려워하라"는 것입니다. 실수가 있는 사람을 거울로 삼아서 너도 똑같은 잘못을 저지르지 않도록 조심하라는 것입니다.

"너 자신을 살펴보아 너도 시험을 받을까 두려워하라."(갈6:1b)

이 말씀 속에는 우리가 경계해야 할 잘못된 두 가지 태도를 교훈해 주고 있습니다.

첫째, 착각 속에 사로잡혀 살지 말라는 것입니다. 간음한 여인을 돌로 치려고 했던 바리새인과 서기관들의 잘못이 무엇입니까? 자신들은 죄가 하나도 없는 의인인 줄로 착각을 했다는 것입니다. 이런 사람에 대해서 사도 바울은 이렇게 말합니다.

"만일 누가 아무 것도 되지 못하고 된 줄로 생각하면 스스로 속임이라."(갈6:3)

그런 사람은 자기 자신을 속이는 사람입니다. 우리 모두는 하나님 앞에 똑같은 죄인이다. 죄인이 아닌 사람은 단 한 사람도 없습니다. 그러므로 우리는 원칙적으로 우리의 형제자매들을 정죄하고 비판할 자격이 없습니다.

"모든 사람이 죄를 범하였으매."(롬3:23)

둘째, 자기를 자랑하지 말라는 것입니다. 신령한 우리들은 어떻게 살아야 합니까? 나보다도 다른 사람을 더 낮게 여겨야 합니다. 그런데 내가 다른 사람을 정죄하고 비판한다고 하는 것은 스스로 내가 다른 사람들보다도 더 우월하다고 생각하는 교만 때문입니다. 타인이 나 보다 다 낫다고 생각하며 사는 사람은 교만할 것도 없고 뭐 배우는데 부끄러울 것도 없습니다.

"각각 자기의 일을 살피라 그리하면 자랑할 것이 자기에게는 있어도 남에게는 있지 아니하리니."(갈6:4)

하나님의 은혜를 깨달은 사람은 자기의 부족을 느끼고 사는 사람입니다. 자랑이나 교만하지 않습니다. 그러나 하나님의 은혜를 깨닫지 못한 사람은 자기 힘으로 이룬 것으로 알고 자기를 내세우려고 합니다.

자기의 부족을 아는 사람은 다른 사람을 쉽게 비방하지 않습니다. 그러나 자기 우월감에 사로잡혀 있는 사람들은 다른 사람들을 쉽게 정죄합니다. 우리는 자기 착각에 빠져서 스스로 속이는 사람이 되지 말아야 합니다. 그래서 사도 바울은 우리들에게 "너 자신을 살펴보아 너도 시험을 받을까 두려워하라"고 권면합니다. "너도 시험 들을까? 조심하라"는 것입니다.

우리 사회에 잘못된 의식이 만연되어 있습니다. 그것은 '남들도 다 그렇게 하는데 나도 그렇게 하면 어떻냐?'라는 그릇된 생각을 갖고 있는 것입니다. '다른 사람들도 다 거짓말을 하는데 나도 좀 거짓말하면 어떤가?', '다른 사람들도 다 부정하는데 나라고 못할 것이 어디 있느냐?' 이런 사고방식을 가지고 사는 사람들이 적지 않습니다. 이와 같은 잘못된 의식이 팽배해져 있습니다.

우리나라의 대표적인 기독교 기업인 '이랜드'(E·LAND)가 IMF 시절에 파산 직전까지 갔다가 파산 신청 하루를 앞두고 한 외국계 기업의 엄청난 투자로 간신히 살아난 적이 있습니다. 나중에 박성수 회장이 그 외국 기업의 간부에게 물었답니다. 아무 관계도 없는 자신의 회사에 어떻게 그런 거액을 투자하게 되었느냐고 묻자 그 간부가 이렇게 대답을 했답니다. "우리가 한국에 투자할 만한 회사들을 다 조사했는데 당신 회사만 이중장부를 쓰지 않았더군요. 당신과 당신 회사는 정직했기 때문에 투자를 결정한 겁니다." 다 아시겠지만 박성수 회장은 사랑의 교회 장로님이십니다. '정직히 행하라'는 하나님의 말씀에 영향을 받아 그렇게 행한 사람입니다.

하나님은 우리에게 세상과는 다른 구별된 삶을 살라고 오늘도 말씀하시고 계십니다. 그것이 하나님의 뜻이라는 것입니다. 돈 몇 푼 벌기 위해서 부정직한 세상의 소리를 듣는 대신 정직히 행하라는 하나님의 음성에 귀 기울이는 삶을 사시기를 바랍니다. 다른 사람이 어떻게 하든 신령한 우리들 만큼은 바로 서서 바른 길을 걸어가야 합니다. 물론 고통이 따르고 힘들고 여려움이 있을 수 있습니다. 그러나 그런 것들은 그리스도인이 져야 할 십자가입니다.

"각각 자기의 짐을 질 것이라."(갈6:5)

우리 각자에게 주어진 책임이 있습니다. 우리 믿음의 사람들만큼은 우리에게 주어진 짐, 내게 주어진 십자가를 감당할 수 있는 사람이 되어야 합니다. 살다 보면 눈물과 땀으로 인내의 시간이 필요할 때도 있습니다. 그러나 다같이 고통을 분담하면 세상에 영향력있는 교회와 성도가 될 수 있습니다.

우리 주 예수님께서 십자가를 지신 것처럼 신령한 우리들도 우리들에게 주어진 책임을 감당할 줄 아는 성도들이 되어야 합니다. 그럴 때 우리 모두가 하나님이 기뻐하시는 아름답고 복된 성도들이 될 것입니다.

영국의 어떤 기자가 한국에서 특파원으로 오랫동안 살면서 자기 나름대로 한국 사람들의 결점을 4가지로 요약한 내용입니다. 첫째, 한국 사람들은 미래지향적이지 못하고 과거지향적이라는 것입니다. 그래서 남자들은 모이면 주로 군대 이야기를 하고 여자들은 옛날 여고 시절 이야기를 한다는 것입니다. 미래에 대한 설계가 거의 없다고 합니다.

둘째는 한국 사람들의 마음속에는 공짜심리가 많은 것 같답니다. 심지 않은 데서 거두려는 심리가 있다는 것입니다. 그래서 우리나라 옛말에 '공짜라면 양잿물이라도 마신다'는 말이 있습니다. 젊은 사람들이 자기 힘으로 노력하고 힘써서 자기 인생을 개척해 나가야 하는데 부모를 의지하고, 사회를 의지하려는 공짜심리가 있다는 것입니다. 이는 망국병입니다.

셋째는 한국 사람들은 핑계를 많이 내세운다고 합니다. 잘되면 자기 탓이고 못되면 조상이나 탓하고 사회 탓이라고 합니다. 우리 그리스도인들은 내가 져야 할 책임을 다른 사람에게 돌리지 말고 떳떳하게 감당하는 성도들이 되어야 합니다.

넷째로 한국 사람들의 마음속에는 보상심리가 있다는 것입니다. 작은 친절을 베풀고 반대급부가 오지 않으면 섭섭하게 생각한다는 것입니다. 마음속에 서운한 마음을 품고 있다가 자신에게 상처를 주었을 때 그것을 기억해서 반드시 복수를 해야 직성이 풀린다는 것입니다. 그래서 내가 좀 미워하는 사람은 좀 잘 안돼야 속이 풀린다고 합니다.

정말 그렇습니까? 다른 사람은 몰라도 십자가의 보혈로 죄 씻음 받고 구원받은 우리들은 이제는 좀 달라져야 하지 않겠습니까? 신령한 영적인 우리들은 이제는 바뀌어야 되지 않겠습니까?

"새 계명을 너희에게 주노니 서로 사랑하라 내가 너희를 사랑한 것 같이 너희도 서로 사랑하라, 너희가 서로 사랑하면 이로써 모든 사람이 너희가 내 제자인 줄 알리라."(요13:34-35)

사도 바울이 우리들에게 권면해 주신 이 3가지 권면의 말씀을 우리가 명심하면서 이제 예수 안에서 새롭게 바뀌기를 바랍니다. 우리 모두 온유한 심령을 가지고 주위에 있는 형제자매들을 돌보시기 바랍니다. 행여 우리의 형제자매 가운데 마음의 상처를 입고 있는 성도나 시험에 들어 쓰러져 있거나 특별한 도움이 필요한 이들에게 이러한 마음가짐과 시선으로 주위를 돌아보시기 바랍니다. 언제나 다른 사람을 나보다 더 낮게 여기는 마음으로 주위에 영과 육이 지쳐서 곤고함 가운데 있는 형제자매들을 바라보고 돌봐 주시기 바랍

니다. 우리 모두의 마음에 아름다운 사랑의 싹이 힘차게 솟
아나기를 바랍니다.

복된 승리

어떤 성도는 잠자리에 들기 전에 침대 옆에 실내화를 챙겨 놓고 그 안에 자동차 열쇠를 넣어 둔다고 합니다. 아침에 일 어나서 신발을 신으려면 그 열쇠가 발밑에 걸리는데 그러면 열쇠를 꺼내들고 자신에게 이렇게 말한다고 합니다. "내 앞 에 잠겨진 문이 있을 것이다. 그러나 그 잠겨진 문이 나를 막 지는 못할 것이다. 내게는 잠겨진 문을 열 수 있는 열쇠가 있 다" 그리고 그는 하나님께 무릎 꿇고 이렇게 기도한다고 합 니다. "하나님, 제가 오늘 하루를 살아 가다가 앞길이 막힌 것처럼 보일 때 저로 하여금 좌절감을 느끼지 말게 하시고 모든 난관을 헤치고 닫힌 문을 열수 있는 열쇠가 있음을 깨 닫게 하옵소서."

"내가 천국 열쇠를 네게 주리니 네가 땅에서 무엇이든지 매

면 하늘에서도 매일 것이요 네가 땅에서 무엇이든지 풀면 하늘에서도 풀리리라."(마16:19)

인생은 전쟁입니다. 지금도 세계 곳곳에는 싸움이 끊어지지 않고 계속 일어나고 있습니다. 영토 전쟁, 정치와 경제적인 전쟁, 입시전쟁, 교통전쟁, 스포츠전쟁, 무역전쟁 등이 있습니다.

그리스도인에게 가장 큰 전쟁은 바로 영적 전쟁입니다. 영적 전쟁에서 원수 마귀를 이겨야 영혼이 승리하는 삶을 누리게 됩니다. 예수님은 영적 전투에서 이기는 자가 되라고 말씀하십니다.

이스라엘 백성들이 애굽을 나와서 가나안 땅을 향해 가면서 광야 40년을 걸었습니다. 그때 많은 원수들과 전쟁을 했습니다. 특히 르비딤에서 아말렉 사람들과 전투를 했습니다. 그때 이스라엘은 여호수아가 대장이 되어서 이스라엘 백성들을 이끌고 전쟁터에 나갔고 모세는 산꼭대기에 올라가서 그들을 위해 간절히 기도했습니다.

그런데 모세가 팔이 아파서 손이 내려가면 이스라엘이 지고 모세의 기도의 손이 올라가면 이스라엘이 이기는 역사가 일어났습니다. 그래서 옆에 있던 아론과 훌이 어떻게 하면 좋을까 생각하다가 지도자 모세를 위하여 큰 돌멩이를 가져다가 그 위에 앉게 하고 아론과 훌이 양 옆에서 팔을 붙잡고 해가 질 때까지 기도의 팔이 내려오지 않게 했더니 마침내 이스라엘이 승리했습니다.

모세는 너무나 감사해서 그곳에 단을 쌓고 그 이름을 '여호와 닛시'라고 외쳤습니다. 여호와 닛시란, '여호와는 나의 깃발(승리)'라는 뜻입니다. 그러므로 모든 성도는 어떤 일을 행할 때 승리의 깃발을 먼저 꽂아놓고 시작하면 복된 결과가 있게 됩니다.

다시 말하면 성도의 신앙생활은 하나의 전투입니다. 그러나 성도의 전투는 승리가 보장된 전투입니다. 이미 우리의 대장되신 예수님께서 죄와 사망권세과 죽음을 깨뜨리시고 정복하고 승리하셨기 때문입니다. 예수님만 확실히 믿고 따라가기만 하면 반드시 승리하게 되는 것입니다.

"너희가 세례로 그리스도와 함께 장사되고 또 죽은 자들 가운데서 그를 일으키신 하나님의 역사를 믿음으로 말미암아 그 안에서 함께 일으키심을 받았느니라, 또 범죄와 육체의 무할례로 죽었던 너희를 하나님이 그와 함께 살리시고 우리의 모든 죄를 사하시고, 우리를 거스르고 불리하게 하는 법조문으로 쓴 증서를 지우시고 제하여 버리사 십자가에 못 박으시고, 통치자들과 권세들을 무력화하여 드러내어 구경거리로 삼으시고 십자가로 그들을 이기셨느니라."(골2:12-15)

세상의 전쟁은 나중에 이겨야 승리의 깃발을 꽂게 되지만 믿음의 싸움, 영적인 싸움에서는 영은 시간과 공간의 지배를 받지 아니함으로 승리의 깃발을 마음속에 먼저 꽂아놓을 수가 있는 것입니다.

그러므로 성도는 무슨 목표를 정해놓고 기도할 때나 무엇을 바라보고 나갈 때 먼저 다 이루어졌다는 긍정적인 믿음과 승리했다는 믿음을 가지고 승리의 깃발을 먼저 꽂고 기도에 힘쓰며 나아가기만 하면 우리는 반드시 승리하고 이루게 됩니다.

"내가 진실로 너희에게 이르노니 누구든지 이 산더러 들리어 바다에 던져지라 하며 그 말하는 것이 이루어질 줄 믿고 마음에 의심하지 아니하면 그대로 되리라."(막11:23)

"그러므로 내가 너희에게 말하노니 무엇이든지 기도하고 구하는 것은 받은 줄로 믿으라 그리하면 너희에게 그대로 되리라."(막11:24)

"믿음은 바라는 것들의 실상이요 보이지 않는 것들의 증거니."(히11:1)

믿음이란? 내가 바라는 실상이 아직 나타나지 않았으나 나타난 것같이 생각하고 믿는 것이며 눈에 보이지 않지만 보이는 것같이 알고 생각하며 행동하며 나가는 것이 믿음입니다. "할 수 있거든이 무슨 말이야 믿는 자에게는 능히 하지 못할 일이 없느니라"(막9:23)하셨습니다. 또 "네 믿음대로 될지어다"(마9:29)라고 하셨습니다. 승리의 깃발을 먼저 마음에 꽂아놓고 기도하며 나가노라면 언젠가는 반드시 그대로 이루어지는 날이 온다는 것입니다.

신앙생활은 마치 여호수아 6장에 있는 여리고성을 점령하듯이 해야 합니다. 모세의 지시를 받아 가나안 땅을 40일 동안 정탐하고 돌아온 12명의 정탐꾼 가운데 10명의 정탐꾼은 부정적으로 보고하고 행동했기 때문에 실패했습니다.

그러나 여호수아와 갈렙 두 사람은 항상 긍정적이었습니다. 그래서 "그 땅은 우리 땅이다. 두려워하지 말라. 그들의 신은 떠났고 우리 하나님은 살아계시다. 그들은 우리 밥이다. 하나님을 믿고 들어가면 우리가 주인이 될 수 있다"고 외쳤습니다. 여리고 성을 돌 때도 "하나님께서 이미 우리에게 주셨다" 그렇게 믿었고 지금은 점령의 과정만 남았다고 생각하고 말하고 나팔을 불면서 매일 한 바퀴씩 돌았습니다. 그리고 일곱째 되는 날 일곱 바퀴를 돈 다음에 크게 외쳤더니 철옹성벽 여리고성이 와르르하고 무너졌습니다.

사람의 눈으로 볼 때는 아무리 난공불락의 철옹성벽 같아도 이스라엘 백성들이 하나님의 말씀이 들은 법궤를 메고 나팔을 불며 여리고성을 돌다가 믿음으로 외칠 때 여리고 성벽이 무너진 것 같이 우리들도 약속의 말씀을 굳게 믿고 간절히 기도하며 믿음으로 승리를 외칠 때 불가능해 보이던 일들이 가능하게 되는 것입니다.

　믿음의 방법이란, 사다리를 놓고 한 계단 한 계단 올라가서 목적지에 도달하는 것이 아니라, 먼저 믿음으로 목적지에 도달했다는 믿음을 가지고 시작해서 차츰 차츰 순서를 밟아서 내려오는 것입니다.

　세상 사람들은 승리의 깃발을 들고 정상을 향하여 올라갑니다. 그러나 믿음의 사람은 이미 우리 대장 예수님께서 갈보리 십자가 정상에 승리의 깃발을 꽂아놓았기에 그 승리의 깃발을 가지고 내려오기만 하면 됩니다. 그러므로 머리에는 생각으로 실상을 그려야 합니다. 가슴에는 간절한 소원이 불타올라야 하고 입으로는 승리를 시인하고 기도해야 마침내 응답됩니다. 이 복된 영적인 방법을 몰라서 벌써 이루어졌을 일들이 이루어지지 않은 것들이 너무나 많이 있습니다.

　승리하려면 마음과 생각으로 끊임없이 실상을 그려야 합니다.

　자신의 생각이나 이성과 계산으로는 불가능해 보여도 '안된다, 못한다'는 부정적인 생각을 하지 말고 믿음으로 하나님의 약속의 말씀을 부여잡고 끊임없이 '된다, 할 수 있다, 다 됐다'는 긍정적인 생각을 가지고 실상과 복된 영상을 마음에 그리며 나가게 되면 마침내 그렇게 되는 날이 오는 것입니다. 많은 성도들이 하나님께 기도는 많이 하는데 이 믿음의 방법을 잘 활용할 줄 몰라서 응답을 받지 못할 때가 너무나 많습니다.

"그러므로 내가 너희에게 말하노니 무엇이든지 기도하고 구하는 것은 받은 줄로 믿으라 그리하면 너희에게 그대로 되리라."(막11:24)

머릿속에 무엇이든지 '안 된다'는 생각을 하지 말고 '된다'는 생각으로 가득해야 합니다. 오늘날 많은 사람들은 행복과 불행이 환경에 의한 것이라고 잘못 인식하고 있습니다. 그러나 행복과 불행은 환경에 의한 것이 결코 아닙니다. 행복은 그 사람의 마음 자세에 달려 있습니다.

그러므로 누구든지 행복해지려면 긍정적인 말과 긍정적인 생각을 해야 합니다. 성도들은 머릿속에 무엇이든지 안 된다는 부정적인 생각을 하지 말고 된다는 긍정적인 생각으로 바꿔야 합니다. 이것이 분명치 않으면 아무것도 이루어지지 않습니다. 자기 인생에 대하여 확실하고 뚜렷하게 그려야 합니다.

현실에서 눈에는 아무것도 안보이지만 이미 본 것처럼 이미 이루어진 것처럼 믿고 바라보고 기도하면 이루어집니다. 우리가 마음속으로 바라보고 있는 것들이 이루어지는 것입니다. 그렇기 때문에 기도할 때 하나님께서 문제를 해결해주실 것을 바라보고 또 믿고 기도해야 합니다.

"믿음은 바라는 것들의 실상이요 보이지 않는 것들의 증거니."(히11:1)

사람의 이성으로나 상식, 논리, 과학, 계산으로는 불가능해보여도 '안 된다, 못한다'는 부정적인 생각은 하지 말고 믿음으로 약속의 말씀을 기억하면서 '할 수 있다, 하면 된다, 해보자, 된다, 다 됐다, 다 된 것으로 믿습니다'라는 긍정적인 생각을 가지고 실상과 복된 영상을 그리며 나아가면 마침내 그렇게 되는 날이 오고야 말 것입니다.

사람은 그 사람이 생각한 대로 말한 대로 그대로 되는 것입니다. 그러므로 우리는 먼저 예수 이름으로 마음속에 안 된다는 생각을 버리고 된다는 생각으로 바꿔야 합니다. 사람이 무엇인가를 깊이 생각하면 머리에서 뇌파가 나간다고 합니다. 마치 라디오의 전파처럼 텔레비젼의 파동처럼 무엇인가를 강력하게 믿으면 바이브레이션이 나간다는 것입니다. 사람이 무엇인가를 강력하게 믿고 생각하면 놀라운 기적이 나타나게 된다는 것입니다.

성경의 잠언에 보면 꿈이 없는 백성은 망한다고 했습니다.(잠 29:18) 사람은 꿈이 있어야 하고 꿈을 먹고 삽니다. 몸이 약한 사람은 소화가 조금만 안되면 자신이 암병은 아닌가?라는 부정적이고 비 신앙적인 생각을 하기도 합니다. 그럴때도 '나는 건강하다, 나는 문제없다'라고 외치며 건강한 자신의 모습을 끊임없이 바라보고 생각해야 합니다. 질병가운데 있어도 '예수님께서 나를 위해서 채찍을 맞으시므로 내 질병은 나았다'라고 믿고 외치고 생각할 때 그렇게 되는 날이 오는 것입니다. 그런 생활을 계속할 때 다른 사람들은 앓아누워도 앓지 않고 건강한 삶을 살게 되는 것입니다.

사업을 하는 사람도 모두가 불경기라고 '안 된다', '힘들다'고 말해도 '나는 사업이 잘 된다', '내 사업은 번창한다'고 긍정적으로 생각하고 손님들이 동서 사방에서 몰려오는 것을 상상하고 바라보고 선포하면 반드시 그렇게 될 것입니다.

"지혜로운 사람은 말을 해서 덕을 보고, 어리석은 사람은 제 입으로 한 말 때문에 망한다."(전10:12, 표준새번역)

인생을 살다보면 머릿속에 부정적인 생각이 들어 올 때가 있습니다. 그래도 믿음 안에서 바라보고 기도하는 것을 머리로 생각하고 다 이루어진 것 같이 마음속에 복된 영상을 그리며 그 실상을 그리면 분명히 이루어질 때가 올 것입니다.

여인이 임신을 하고 유산하지 않는다면 열달이 되면 아기가 태어나는 것같이 우리가 긍정적인 믿음의 생각을 포기하지 않으면 때가되면 이루어지고야 마는 것입니다. 그러므로 우리의 부정적이고 불신앙적인 생각을 단호하게 잘라 버리고 창조적인 하나님의 생각과 긍정적인 생각을 마음속에 받아들여야 합니다.

머루는 콩알만한 열매 밖에 안 열리지만 그것을 잘라서 포도나무에 접붙이면 맛있고 큰 머루 포도가 열립니다. 우리는 원래 작은 머루밖에 열릴 수 없는 나무이지만 생각으로 하나님의 창조적인 생각을 말씀과 기도로 받아들이고 믿고 시인하고 접붙이고 나갈 때 놀라운 기적과 축복이 나타나게 됩니다.

"내게 능력 주시는 자 안에서 내가 모든 것을 할 수 있느니라."(빌4:13)

지금 처해있는 현재의 처지는 다른 것이 아니라 오늘날까지 여러분이 생각하고 바라본 그대로인 것입니다. 그러므로 이제라도 여러분의 생각을 바꿔버리면 5년 10년 후에는 여러분의 생각이 크면 클수록 지금은 축복을 못 받지만 결국은 큰 축복을 받게 되는 것입니다. 큰 기적을 보게 되고 반드시 잘되고 형통할 것입니다.

요셉을 보십시오. 그는 열 두 형제 중에서 위대한 꿈을 가졌기 때문에 어려서부터 꿈을 자주 꾸었습니다. 한번은 열한개의 곡식 단이 자기에게 절하는 꿈을 꾸었습니다. 또 한

번은 해와 달과 열 개의 별이 자기에게 절하는 꿈을 꾸었습니다. 그 꿈 때문에 형들에게 미움을 사서 죽을 뻔도 하고 애굽에 종으로 팔려가고 꿈 때문에 시기를 받아서 감옥에도 가게 됐지만 끝까지 꿈을 버리지 아니할 때 그 꿈대로 결국은 애굽의 국무총리가 됐습니다.

머릿속에 이 긍정적인 승리의 영상과 축복의 영상을 그리십시오. 그리고 주야로 그 생각으로 꽉 채워 나가면 마침내 그것이 이루어질 때가 오고야 말 것입니다. "믿음은 바라는 것들의 실상이요 보이지 않는 것들의 증거니라" 그러므로 꿈과 소원을 이루고 승리하며 사는 비결은 마음속에 늘 생각으로 끊임없이 실상을 그려야 합니다.

꿈과 소원을 이루려면 가슴 속에 끊임없이 간절한 소원이 불타올라야 합니다

하나님께서는 은혜를 주시고 축복을 주실 때 먼저 마음속에 불타는 간절한 소원을 가지게 하십니다. 이상하게 마음속에 불붙듯이 그 문제를 가지고 기도하게 됩니다. 그것은 벌써 응답이 온다는 징조입니다.

"또 여호와를 기뻐하라 그가 네 마음의 소원을 네게 이루어 주시리로다."(시37:4절)

"너희 안에서 행하시는 이는 하나님이시니 자기의 기쁘신 뜻을 위하여 너희에게 소원을 두고 행하게 하시나니."(빌2:13)

너희로 소원을 두고 행하게 하신다는 말씀은 우리의 마음속에 소원이 불타야 된다는 것입니다. '내 가정이 평안해야 되겠다, 내 사업이 잘되야 되겠다, 내가 축복을 받아야 되겠다, 내가 건강해야겠다, 우리 교회가 부흥되어야 겠다, 우리 나라가 잘돼야겠다'라는 소원이 마음속에서 불타올라야 합니다. 믿음은 바라는 것들의 실상이라고 했습니다. 바라보는 것 간절한 소원이 우리 속에 있어야 합니다. 모든 것을 불태워 버릴 만큼 강력한 소원이 없으면 아무런 일도 이루어지지 않고 아무것도 얻지 못합니다. 그러므로 구체적이고 강력하고 뚜렷한 목표를 세우고 그것이 이루어지도록 간절한 소원을 가지시기를 바랍니다.

믿음은 바라는 것들의 실상이라고 했습니다. 내가 바라는 것 간절한 마음의 소원이 있어야 합니다. 구체적인 소원을 가지고 마음속에 불타는 간절한 사모함이 있을 때 하나님이 이루어 주시는 것입니다.

그러므로 남다른 결과가 있기를 원하는 만큼 뚜렷한 목표를 세우고 그것이 이루어지도록 불타는 간절한 소원을 가지고 승리의 깃발을 먼저 꽂을 수 있기를 바랍니다.

승리자가 되려면 끊임없이 입으로 시인하며 나아가야 합니다.

"네가 만일 네 입으로 예수를 주로 시인하며 또 하나님께서 그를 죽은 자 가운데서 살리신 것을 네 마음에 믿으면 구원을 받으리라, 사람이 마음으로 믿어 의에 이르고 입으로 시인하여 구원에 이르느니라."(롬10:9-10)

하나님의 은혜와 축복과 기적이 입과 마음에 있다는 것입니다. 예수님께서 나의 죄를 위하여 십자가에서 못 박혀 죽으시고 죽음에서 부활하신 하나님의 아들로서 내 구주가 되신 것을 마음으로 믿고 입으로 시인하면 그대로 된다는 것입니다. 마음에 의심이 생겨도 물리치고 예수님이 지신 십자가로 죄사함을 받았다는 것을 마음으로 믿고 입으로 시인하면 구원에 이르게 되는 것입니다.

"하나님은 죽은 자를 살리시며 없는 것을 있는 것으로 부르시는 이시니라."(롬4:17)

없는 것을 있는 것같이 보는 것이 어떻게 보면 부질없고 허황된 것처럼 보입니다. 그러나 살아계신 하나님께서 말씀하신 것입니다. 그렇기 때문에 아브라함은 아들을 주시겠다는 약속을 받고 10년이 지났으나 믿고 시인하며 이름까지 바꿨습니다.

아브람에서 아브라함으로 사래에서 사라로 바꾸었을 때 사람들은 비웃고 조롱했습니다. "저 늙은이들이 얼마나 자식을 갖고 싶었으면 만백성의 아버지, 만백성의 어머니라고 이름을 지었겠느냐?"라고 조롱했을 것입니다. 그러나 그렇게 됐습니다. 믿음대로 됐습니다. 입으로 시인하고 말한대로 됐음을 알고 우리는 무엇보다도 믿음으로 시인하며 살아야 합니다.

유명한 기독교 영성 학자인 '리차드 포스터'(Richard J. Foster_교수에게는 '조엘'이라는 아들이 있었는데 귀가 몹시 아팠습니다. 그래서 병원에 가서 아무리 치료를 해도 치료가 되지 않아서 아이가 아파서 밤새도록 울어 포스터교수 부부도 잠을 잘 수가 없었습니다.

어느 날 저녁 포스터교수가 아들을 안고 있는데 아이가 너무 아파서 고함을 지르고 우니까 어떻게 해야 할지 몰라 "하나님, 하나님이 살아계십니까? 이렇게 기도해도 응답을 안 해 주시면 어떻게 합니까?"라며 기도했습니다.

그때 포스터교수 마음속에 성령께서 "명령을 해라 명령을, 믿음이라는 것은 그냥 믿는 것이 아니라 마음에 확신이 생기면 명령을 하는 것이다, 명령을 해라"라는 그런 감동이 왔습니다.

그래서 "우리 아들 귀에 고통을 가져오는 이 병은 예수 이름으로 물러가라, 예수 이름으로 고통이 중단되라, 지금부터 예수 이름으로 나을지어다"라고 선포하니까 신기하게도 아이가 울다가 울음을 뚝 그치고 얼마 지나지 않아서 아버지 등에서 잠이 들었습니다. 그래서 포스터교수는 "믿음이라는 것은 입술로 고백을 하되 큰 소리로 선포해야 하나님이 그 말을 통해서 기적을 행하신다"고 말했습니다.

입으로 시인하고 고백하는 것이 중요합니다. 고백한 대로 됩니다. 꿈과 소원을 끊임없이 생각으로 실상을 그리고 입으로 시인할 때 그대로 이루어지는 것입니다.

승리하려면 간절히 부르짖어 기도해야 합니다.

실상을 그릴뿐만 아니라 가슴속에 불타는 소원을 가지고 끊임없이 입으로 시인하면서 간절히 기도해야 합니다.

"내가 너희에게 말하노니 무엇이든지 기도하고 구하는 것은 받은 줄로 믿으라 그리하면 너희에게 그대로 되리라."(막11:24)

"일을 행하시는 여호와 그것을 만들며 성취하시는 여호와 그의 이름을 여호와라 하는 이가 이와 같이 이르시도다, 너는 내게 부르짖으라 내가 네게 응답하겠고 네가 알지 못하는 크고 은밀한 일을 네게 보이리라."(렘33:2-3)

"너희가 내게 부르짖으며 내게 와서 기도하면 내가 너희들의 기도를 들을 것이요, 너희가 온 마음으로 나를 구하면 나를 찾을 것이요 나를 만나리라."(렘29:12-13)

"구하라 그리하면 너희에게 주실 것이요 찾으라 그리하면 찾아낼 것이요 문을 두드리라 그리하면 너희에게 열릴 것이니, 구하는 이마다 받을 것이요 찾는 이는 찾아낼 것이요 두드리는 이에게는 열릴 것이니라."(마7:7-8)

'찰스 스펄전'(Charles Haddon Spurgeon, 목회자) – "기도란? 아래서 줄을 당겨 하늘 위에 있는 큰 종을 하나님의 귀밑에서 울리는 것과 같다"

어떤 사람들은 되는 대로 힘들이지 않고 대충 줄을 당기기 때문에 하늘의 종이 울리지 아니하고 또 어떤 사람들은 단 한번만 줄을 당겨 보고는 포기합니다. 그러나 기필코 응답받는 기도를 드리는 사람은 그 줄을 단단히 붙잡고 응답 될때까지 낙심하거나 실망하지 않고 전력을 다해 계속해서 잡아당기는 사람입니다.

하나님은 구하고 찾고 두드리는 자에게 응답하십니다. 아무리 어렵고 힘이 들어도 낙심하지 않고 기도하면 하나님이 반드시 역사하시고 책임져 주십니다.

"내가 죽지 않고 살아서 여호와께서 하시는 일을 선포하리로다, 여호와께서 나를 심히 경책하셨어도 죽음에는 넘기지 아니하셨도다."(시 118:17-18)

무엇보다 먼저 승리의 깃발을 꽂고 시작 하십시오. 확신을 갖고 기도하십시오. 마음속에 끊임없이 복된 생각으로 실상을 그리면서 불타는 간절한 소원을 가지고 입으로 끊임없이 시인하고 기도하며 전진하시기 바랍니다. 반드시 믿음대로 기도대로 이루어 질 것입니다. 승리의 깃발을 먼저 꽂고 나아감으로 하나님으로부터 꿈과 소원을 이루어 복된 인생을 살아가시기를 축복합니다.

박응순 목사의 저서

그림을 읽으면 성경이 보인다 | 16.800원

성경을 그림으로 담아낸 화가들의 붓끝을 통해 하나님이 들려주시고자 하는 계시를 읽어낸다! 성경의 파노라마를 세기의 명화와 함께 조망하면서 하나님의 구역 역사를 글과 그림으로 만나는 책이다.

단숨에 읽는 구약성경 | 6.000원

구약성경의 각 권을 축약하여 주요 내용을 알기 쉽게 풀어썼다. 세계의 창조와 유대인의 역사를 다루는 구약은 기독교와 유대교 등의 경전으로서 가치를 지닌다.

단숨에 읽는 신약성경 | 12.000원

긴 내용의 성경을 지금의 언어로 쉽게 접근할 수 있도록 하여 종교 생활의 기반이 되는 경전 읽기의 재미를 더해준다. 성경을 단숨에 읽어 내려가면서 경의 맥을 깨닫고 예수 그리스도의 실체에 대해 깨닫게 해준다.

단숨에 읽고 보는 이야기성경 | 12.000원

예수님의 십자가 사건은 모든 믿는 자로 하여금 하나님께 나아갈 수 있도록 만들어 준 구원의 사건이다. 당신의 구원은 십자가 사건에서 이루어졌다. 십자가를 바라보라.

응답받고 은혜받는 대표기도 | 12,000원

기도는 하나님과의 교제이다. 기도는 우리의 삶을 드리는 것이다.

자녀를 성공시키는 부모님의 테마기도 | 16,800원

콩심은 데 콩나고, 권위와 사랑이 있는 부모, 믿음을 주는 부모, 가치관이 확실한 부모, 약속은 꼭 지키는 부모, 가족과 함께 하는 부모, 정원사 같은부모

불황을 극복하는 힘 | 10,800원

하나님의 섭리를 모르는 사람은 환난날에 비관하고 포기합니다. 그러나 인생의 위기에 하나님을 찾으면 하나님의 섭리가 깨달아집니다. 전능하신 하나님의 돕는 손길이 보입니다.

나를 살리는 긍정의 힘 | 11,700원

창조주는 긍정의 하나님이십니다. 태초에 하나님이 천지를 창조하실 때 "보시기에 좋았더라"(God saw that it was good)고 말씀 하셨습니다.